Elogios à obra *Confissões de um Espião da CIA.*

"Uma leitura obrigatória para quem deseja proteger a si mesmo e às suas organizações de táticas de manipulação usadas pelos engenheiros sociais mais experientes do mundo."

- **Michael Hayden**, general quatro estrelas aposentado da USAF, ex-diretor da NSA e diretor da CIA, diretor do Chertoff Group, autor do *best-seller* do New York Times *Playing to the Edge* e *The Assault on Intelligence*.

*"Peter Warmka teve uma carreira incrível na CIA e continua a usar sua experiência no setor privado. Seu novo livro, **Confissões de um espião da CIA:** A arte do hacking humano, é o melhor guia que já vi no novo campo de batalha da contraespionagem. Cibernética, engenharia social e hacking humano tornaram-se o nome do jogo. Você deve ler este livro para proteger–se e a sua organização de alguns ataques altamente sofisticados e tortuosos."*

-**James Olson**, ex-chefe da CIA Counterintelligence e autor de *To Catch a Spy: The Art of Counterintelligence*.

*"'Você consegue o que negocia' é uma frase popular de negócios. No entanto, no Velho Oeste de insegurança cibernética de hoje, um oficial aposentado da CIA oferece um contraconselho preocupante: 'O que você tem, eles procuram'. Após décadas de recrutamento de espiões, Peter Warmka sabe como roubar segredos, ou mais precisamente, como persuadir as pessoas a revelarem seus segredos. **Confissões de um espião da CIA** descreve técnicas de coleta bem-sucedidas, truques (se você preferir), que são usados para roubar muito mais do que material classificado do governo. Essas são manobras sutis e elaboradas que, para os não iniciados, parecem um comportamento normal, mas são as próprias ferramentas usadas para comprometer os dados de sua empresa e esgotar sua conta bancária. Legível, revelador e baseado em profundo conhecimento de espionagem, **Confissões de um espião da CIA** revela o manual daqueles que atacam os desavisados. O trabalho de Warmka dá ao leitor a consciência do plano de jogo do atacante. Como resultado, você ganha, eles perdem."*

-Robert Wallace, autor de *Spycraft: The Secret History of the CIA's Spytechs from Communism to al-Qeeda* e produtor executivo da série Netflix, *SPYCRAFT*.

"Peter Warmka oferece uma perspectiva única e muito valiosa a empresas e indivíduos sobre como evitar crimes cibernéticos. Como um ex-agente da CIA com profunda experiência em penetrar nas defesas do computador de adversários formidáveis, Peter está agora do outro lado da equação, ajudando as empresas a aprender com suas experiências e a se proteger melhor de ataques cibernéticos."

-Kevin Hulbert, ex-executivo sênior da CIA, membro do Conselho Consultivo de Inteligência do Presidente, Presidente do Grupo XK.

*"Em **Confissões de um espião da CIA**, Peter Warmka revela estratégias de espionagem usadas, todos os dias, por estados nações, grupos criminosos e corporações multinacionais para coletar informações e / ou roubar segredos. As empresas que optam por enterrar a cabeça na areia, acreditando que a espionagem é, apenas, a competência do serviço de inteligência de um país, não só estão erradas, mas colocam-se à mercê de atores antiéticos que podem custar-lhes milhões de dólares. Os leitores do livro de Peter tanto compreenderão como evitar que outros roubem seus segredos de engenharia, estratégias de mercado e outros dados proprietários, quanto demonstrarão como coletar as informações de que precisam para ter uma vantagem competitiva. O domínio de Peter em seu ofício e seus dons como*

comunicador o tornaram um treinador procurado, e alguém em que eu não apenas confio, mas que ainda recomendo a todos aqueles interessados em aproveitar o poder e a eficácia dessa metodologia comprovada."

-Michele Rigby Assad, ex-oficial de inteligência da CIA, consultora / instrutora e autora de *Breaking Cover*: minha vida secreta na CIA e o que ela me ensinou sobre aquilo   pelo qual vale a pena lutar.

"Um relato muito completo e detalhado da natureza das ameaças que as organizações enfrentam hoje, de organizações criminosas, insiders mal-intencionados e atores do estado nação. Peter investiga profundamente a sofisticação que acompanha alguns desses adversários que têm em vista as informações confidenciais armazenadas em corporações e entidades governamentais. Com base em sua própria experiência em violar a infraestrutura de segurança, Peter oferece insights a organizações sobre estratégias de mitigação de risco. Uma ótima leitura!"

-Brian W. Lynch, Diretor Executivo da RANE, agente aposentado do FBI e ex-chefe de segurança global do The Vanguard Group.

*"**Confissões de um espião da CIA**: A arte do hacking humano vem de um espião de carreira da CIA cuja vida de experiências o levou a formar o Counterintelligence Institute, que trata de questões de segurança e inteligência na vida de indivíduos e empresas.*

*Como tal, os leitores podem esperar uma série de histórias de espionagem neste livro, mas ele oferece muito mais. Aqui está a oportunidade de compreender a presença, efeitos e processos de desinformação, hacking e outros hacks de inteligência na vida diária dos cidadãos. **Confissões de um espião da CIA** é excelente para identificar esses problemas e como superá-los.*

A informação é uma ferramenta poderosa. Pode ser gerenciada com sucesso ou mal gerenciada artisticamente, e esta última pode ser comprometida mais facilmente nesta era do que em qualquer outro momento da história humana.

Confissões de um espião da CIA analisa esse processo e é especialmente poderoso em suas avaliações de segurança organizacional e implementação de proteções para lidar com situações que, a princípio, podem não parecer oportunidades de desastre: 'Embora uma entidade possa usar agressivamente a mídia social para ajudar a promover seus produtos e serviços, uma consequência não intencional pode ser o vazamento de informações, de inestimável para engenheiros sociais. Essa exposição resulta na criação de vulnerabilidades à organização. Os funcionários da empresa muitas vezes carregam fotos ou vídeos seus do local de trabalho para as mídias sociais. sites, fornecendo aos engenheiros sociais uma visão de seus espaços físicos de trabalho.' "

As percepções sobre como os engenheiros sociais e coletores de informações muitas vezes nem precisam produzir um hack genuíno para obter acesso aos dados e detalhes da empresa são positivamente assustadoras - além de esclarecedoras.

Ao compreender a extensão e os processos dos hackers e como os 'engenheiros sociais' manipulam as brechas e as emoções, as empresas e os indivíduos que buscam melhorar suas medidas de segurança acharão intrigantes as muitas camadas de abordagens de hackers. Isso permitirá que eles descubram lacunas nos processos de segurança da empresa, as quais eles podem não ter considerado anteriormente, indo além da ênfase usual em firewalls de segurança cibernética: 'O engenheiro social pode colocar pressão sobre o alvo, sugerindo que a recusa em ajudar será vista por outros como socialmente inaceitável...' Essas técnicas de influência podem ser usadas em uma variedade de *situações, incluindo breves interações únicas com um alvo. As discussões abrangentes e apoiadas por autoridades sobre várias formas de hacking tornam **Confissões de um espião da CIA: A arte do hacking humano** uma aquisição chave. Embora aqueles que desejam histórias de espionagem da vida real possam ficar desapontados, em última análise, o foco na extensão das operações doe hacking humano é inestimável e intrigante, expondo cenários de vulnerabilidade em que muitos não teriam pensado antes.*

*Nenhuma coleção de segurança cibernética ou de comunicação social deve ser feita sem **Confissões de um espião da CIA.***"

-D. Donovan, avaliador sênior, Midwest Book Review.

CONFISSÕES DE UM ESPIÃO DA CIA

CONFISSÕES DE UM ESPIÃO DA CIA

****

A ARTE DO HACKING HUMANO

Peter Warmka

Para minha esposa, Carmen, que sempre apoiou meus sonhos e nunca desistiu de mim.

SUMÁRIO

Agradecimentos

Este livro nunca teria sido publicado sem a ajuda e apoio de inúmeras pessoas, porém, com receio de esquecer de mencionar várias delas, saliento algumas, como David Quilter (cuja caneta foi a autora do prefácio), que atuou como meu principal mentor durante minha transição do serviço federal para o setor privado. Charles Saba, outro mentor, que me inspirou a seguir essa paixão e muito me incentivou a levar minha mensagem globalmente. Com a ajuda de Charles e Heital Yaagnik, estou organizando vários eventos internacionais virtuais e presenciais focados em contraespionagem e ameaças internas.

Agradeço, também, às dezenas de amigos e colegas de trabalho, que reviram partes do rascunho deste livro, fornecendo seus comentários, ideias e palavras de incentivo. Obrigado a todos!

E nenhum agradecimento fica completo, sem reconhecer o apoio que recebi de minha família durante minha carreira na CIA. Na época de minha primeira implantação no exterior, apenas meu cônjuge e meu pai sabiam de minha verdadeira afiliação. Eu tive de, intencionalmente, esconder a verdade dos membros restantes da família para não ferir suscetibilidades. Apenas alguns anos antes de minha aposentadoria, eu trouxe o resto de minha família para o "círculo de confiança", como Robert De Niro no filme "Meet the Parents", de 2000. Felizmente, minha confissão foi bem recebida.

Claro, aqueles que fizeram mais sacrifícios por mim durante minha aventura na CIA foram minha esposa, Carmen, e nossos filhos Mary, Alexander e Chrissy. Eles continuam a fornecer assistência inestimável na validação de ideias de *marketing,* revisão de rascunhos de comunicações e desenvolvimento de conteúdo de mídia social.

Finalmente, uma menção muito especial vai para minha excelente editora, Lillian Chapa, cujo trabalho incansável transformou meu manuscrito bruto em um livro, que espero ser apreciado por muitos. Ela já concordou em ajudar-me em meu próximo empenho.

Prefácio

Conheço Peter Warmka há muitos anos, desde que nos encontramos na Association of Certified Fraud Examiners, a organização global que combate o desfalque, fraude e roubo de informações de todos os tipos. Há mais de 20 anos, somos examinadores certificados de fraude e, desde nosso primeiro encontro, somos amigos e colegas. Há muito tempo eu conheço e respeito Peter como um servidor público consumado e profissional.

Confissões de um espião da CIA: a arte do hacking humano é a cartilha de Peter sobre a consciência de que você e eu precisamos quando se trata de dados, *sites* de mídia social e informações. Peter aponta o que não fazer quando se trata de tudo e qualquer coisa envolvida com comunicações eletrônicas e informações publicamente disponíveis. De minha perspectiva como executivo sênior de segurança em quatro empresas da Fortune 500 - uma carreira na US Drug Enforcement Administration e veterano do Corpo de Fuzileiros Navais, totalizando mais de cinco décadas de experiência-, imediatamente entendi o quão valiosa é a experiência e *expertise* de Peter em negociações com o amplo espectro de gerenciamento de informações e, às vezes, má gestão.

Ter a responsabilidade por dezenas de milhares de funcionários e dezenas de bilhões de dólares em ativos de negócios em todo o mundo exige aprendizagem ao longo da vida e colegas como Peter. Durante nosso primeiro encontro e desde então, passei a apreciar a extrema honestidade de Peter e sua determinação em compartilhar sua experiência de vida como agente secreto da CIA de maneiras muito convincentes: para sempre aprimorar e proteger a integridade das informações individuais e institucionais .

O que encontrei nestas páginas são níveis gradativos de conhecimento e experiência que nos ajudam a entender melhor como, quase sempre, não temos conhecimento do que pode acontecer (e, muitas vezes, realmente acontece) com nossas informações pessoais e identidade.

Como Peter apropriadamente aponta, é importante lembrar que qualquer informação que você forneça *online* sobre você, sua família ou sua empresa o torna um alvo potencial de qualquer organização que pode usar (e usará) suas informações para quaisquer fins que desejar. É tudo parte do domínio público.

De uma perspectiva de negócios, Peter fornece o que é uma leitura obrigatória para profissionais de TI, gerentes de RH, profissionais de segurança, executivos de alto escalão e líderes em todos os níveis. Além disso, os pais precisam saber sobre os esquemas comuns de engenharia social porque, muitas vezes, os membros da família não têm consciência de sua vulnerabilidade. Peter compartilha uma visão rara e sincera de uma ameaça que tão poucas pessoas sabem que existe. Ele oferece conselhos pessoais práticos, incluindo um questionário de avaliação personalizado que os leitores podem usar para aquilatar como e onde eles próprios podem ser mais vulneráveis do que eles, sua empresa ou família desejam ser. Acho isso inestimável!

Por causa da pandemia COVID-19 e além, entendemos que a desaceleração econômica pode levar a um aumento inevitável da atividade criminosa, como furto, fraude, assalto e, sim, violações para roubar dados individuais valiosos. O "Human Hacker" ajuda-nos a evitar ou mitigar tais danos.

J. David Quilter atuou como líder executivo de segurança na Baxter International, Allegiance Healthcare, Cardinal Health e NiSource. Ele é membro vitalício da International Security Management Association (ISMA) e faz parte do corpo docente emérito do Conselho Executivo de Segurança. É o autor de *From One Winning Career to the Next*, agora em sua 2ª edição.

Introdução

Somente ao deixar a Agência Central de Intelegência (CIA) em 2010 e entrar no setor de segurança privada, soube que havia um campo específico chamado engenharia social, também conhecido como *hacking* humano, descrito pela literatura popular como um processo pelo qual alguém manipula humanos a fim de violar a segurança, seja a segurança da organização ou a segurança pessoal do indivíduo, geralmente com um propósito muito negativo. Embora eu estivesse iniciando a abordagem nesse campo, percebi que havia passado grande parte de minha carreira na CIA como oficial de inteligência e que, na verdade, já usava habilidades de engenharia social com bastante eficácia para cumprir minhas missões. Tornou-se um dilema pessoal para mim. A manipulação intencional de outros seres humanos foi algo inerentemente mau? Ou era, apenas, uma ferramenta que poderia ser usada tanto para o mal quanto para o bem? Quanto mais eu pensava no assunto, mais a paixão despertada dentro de mim me impulsionava para analisar a metodologia da engenharia social e seu impacto na segurança das organizações e, também, dos indivíduos.

Em 2015, a Webster University me convidou para lecionar como professor adjunto em seu programa de mestrado em segurança cibernética. Ao abordar questões de inteligência e contraespionagem relacionadas à guerra cibernética, decidi incorporar meus conhecimentos e habilidades como espião para explicar como os indivíduos são efetivamente alvejados e manipulados por adversários mediante uma variedade de técnicas de engenharia social.

O que provocou verdadeiro impacto nos alunos, durante meu curso, foi um projeto de engenharia social chamado *capture the flag*. Modelado um pouco após a competição anual Capture the Flag de Engenharia Social, realizada durante conferências de segurança de computador em Las Vegas. Designei a cada um dos meus alunos uma entidade corporativa dos EUA como seu alvo de engenharia social. O objetivo do exercício era coletar tantas bandeiras quanto possível e desenvolver uma proposta para violar a segurança da entidade alvo. Os sinalizadores eram informações específicas que abordavam vulnerabilidades exploráveis em potencial no sistema de segurança de um alvo. Inicialmente, cada aluno conduziu a coleta de inteligência de código aberto da Fase I (OSINT) a seu respectivo destino, examinando uma infinidade de *sites* disponíveis na World Wide Web. Depois que eles demonstraram proficiência na coleta de OSINT e exauriram a maioria dos recursos disponíveis, permiti que eles passassem para a Fase II.

Durante a Fase II, e sob supervisão cuidadosa, meus alunos serviram-se das informações coletadas para formular uma variedade de técnicas de engenharia social a fim de usá-las contra seu alvo e reunir bandeiras adicionais. Eles concluíram o projeto

xxiv

detalhando seus processos da Fase I e II, quais informações eles foram capazes de obter e possíveis recomendações de como eles iriam tentar violar a segurança da empresa. Além de seu trabalho acadêmico, eles apresentaram sua experiência única na forma de uma apresentação antes da aula. Sem exceção, os alunos concluíram de forma triunfal o projeto com uma consciência muito maior das ameaças representadas pela engenharia social e de como ajudar a se proteger de tais ataques, tanto a si próprios quanto suas respectivas organizações.

Além de minha plataforma universitária, comecei a compartilhar esse conhecimento escrevendo artigos para as principais publicações comerciais, participando em conferências do setor focadas em segurança, fraude e sistemas financeiros. Embora os participantes normalmente ficassem intrigados com a engenharia social e quisessem aprender mais, descobri uma grave deficiência nos recursos disponíveis publicamente que abrangem o tópico. Como resultado, o público, em geral, continua em grande parte desinformado e completamente suscetível a ataques de engenharia social facultados pelo *phishing (e-mail), smishing* (SMS), *vishing* (telefone) ou interação face a face.

No entanto, o mais preocupante ainda é a apatia geral daqueles que acreditam que nunca serão vítimas de tais tentativas de violação de segurança. Essa falta de preocupação é frequentemente encontrada em todos os níveis da organização, incluindo dentro do alto escalão. Assim como o avestruz coloca a cabeça na areia acreditando que será protegido de ameaças invisíveis, os líderes corporativos também nutrem uma falsa sensação de segurança oriunda dessa despreocupação.

Infelizmente, essa apatia e falta de compreensão caem perfeitamente nas mãos dos cibercriminosos quando consideramos que, de acordo com o Relatório de Investigações de Violações de Dados de 2020 (DBIR) da Verizon, mais de 90% das violações bem-sucedidas começam com engenharia social. Foi por isso que decidi fundar o Instituto de Contraespionagem. Minha missão é ajudar corporações, organizações sem fins lucrativos, institutos acadêmicos e escritórios do governo municipal, estadual e federal na proteção de suas informações proprietárias e registros de dados pessoais contra tentativas de violação de segurança iniciadas pela engenharia social. Por meio do treinamento de conscientização de segurança, meu foco é transformar o fator humano, como o elo mais fraco no que tange à segurança, em um instrumento mais eficaz contra tais ameaças

Enquanto clientes (organizações e seus funcionários) se beneficiam desses programas de treinamento, meu intuito em escrever este livro é poder ajudar também todos os indivíduos a entender essas ameaças e a apefeiçoar seu desempenho em segurança, tanto em casa como no local de trabalho.

Para proporcionar maior compreensão da metodologia da engenharia social, apresento meus exemplos ao longo deste livro.

Enquanto alguns deles podem ser fictícios, as metodologias descritas em todos eles são bem reais.

Como espião que fui, sei que fraude e manipulação podem constituir forças bem poderosas. Negar que elas existem só aumenta o poder delas sobre você.

O mundo da manipulação

Operação Samba

São Paulo, Brasil

16 de abril de 2017

Passaram-se dois meses desde sua última visita. Jean Claude se hospedou em seu hotel de sempre em São Paulo e releu o comunicado que recebeu há dois dias. Embora o requisito fosse padrão - penetrar em uma entidade alvo e roubar a inteligência vital-, cada missão oferecia desafios únicos, junto com uma variedade de riscos associados.

Sua carreira como agente de inteligência começou em 1985, quando ingressou na Diretoria-Geral de Segurança Externa (DGSE) da França, onde foi treinado tanto para governos nacionais quanto para empresas privadas. Ele tinha orgulho de servir a seu país e garantir inteligência ao governo francês e, por extensão, a organizações multinacionais francesas que ansiavam por informações que lhes permitissem manter sempre uma vantagem competitiva. Desde sua aposentadoria, quase cinco anos antes,

1

Jean Claude tinha um trabalho constante como *freelancer* no mundo da espionagem industrial - sua experiência era muito solicitada.

Esse cliente mais recente estava interessado em garantir o programa ao XENOX 2000, um novo produto de *software* que a empresa brasileira COMTEC estava planejando introduzir no mercado, no início do próximo ano. O cliente já havia obtido algumas informações iniciais sobre esses planos durante uma discussão com certo representante de *marketing* de *software* em uma conferência.

No mínimo, Jean Claude teve de encontrar uma maneira de penetrar na COMTEC e roubar uma cópia desse programa. O cliente tinha um comprador que queria desenvolver o mesmo produto a um custo muito mais barato e, com sorte, superar o lançamento do produto da COMTEC no mercado. Um requisito secundário era implantar o *malware* que modificasse o código-fonte no programa da COMTEC, fazendo com que ele falhasse logo após sua instalação no servidor do usuário final.

Jean Claude precisava aprender sobre a estrutura organizacional da COMTEC para determinar quem dentro da empresa poderia ter acesso direto às informações sobre o desenvolvimento de produtos. Seu primeiro instinto foi acessar o *site* da empresa *on-line*, mas ele não forneceu nenhum nome útil ou informações de contato ao pessoal que não fosse o *front office*.

Em seguida, Jean Claude foi ao LinkedIn para pesquisar, em "COMTEC", algum funcionário. Apesar de não ter surgido nenhum funcionário atual, houve uma pessoa, Luísa Martins, que já havia trabalhado como auxiliar administrativa na COMTEC antes de assumir um cargo administrativo na LUMANEX. Além desses cargos, Luísa listou sua formação acadêmica e outros interesses profissionais. Ainda que não estivesse mais na COMTEC, Luísa seria provavelmente capaz de fornecer informações consideráveis sobre seu antigo empregador e se sentiria menos inibida em fazê-lo do que se trabalhasse lá atualmente..

Usando um pseudônimo, Jean Claude decidiu telefonar diretamente para a LUMANEX e falar com Luísa. Ele se identificou como um consultor de RH que encontrou o perfil dela no LinkedIn e estava procurando alguém com sua experiência.. Ela estaria disposta a almoçar no dia seguinte para explorar a oportunidade de emprego em potencial? Luísa, lisonjeada e cheia de curiosidade, aceitou imediatamente o convite.

Enquanto isso, Jean Claude acessou o Google Earth para examinar a COMTEC e circunvizinhança. Parecia estar localizada do outro lado da rua da empresa de serviços financeiros PROVOX. Jean Claude pegou o telefone, ligou para a central telefônica principal da COMTEC e pediu para falar com o responsável pela manutenção geral. Ele foi imediatamente transferido.

-Olá posso ajudá-lo?

-*Sim, realmente preciso de ajuda. Você é responsável pela manutenção?*

-*Sim, sou o Lucas. Como posso ajudar?*

-*Sou Gerardo, da PROVOX, do outro lado da rua, seu vizinho. Eu não deveria dizer isso, mas a empresa de limpeza que usamos não é confiável. Quero ver se podemos encontrar um provedor de serviços melhor. Você está satisfeito com a empresa que lhe oferece este serviço?*

-*Sim, de fato. Eles são muito confiáveis e eficientes.*

-*Maravilhoso, qual é o nome deles?*

-*DELTA.*

-*Com que frequência eles vêm por semana?*

-*Todas as noites, por volta das 20h.*

-*Talvez possamos experimentá-los. Qual é o nome do chefe da tripulação?*

-*Todos o chamam de Bruno. Faz um tempo que não o vejo, pois geralmente saio daqui às 18h.*

-*Eu não culpo você. A vida é mais do que trabalhar! Muito obrigado por sua ajuda. Entrarei em contato com a DELTA diretamente.*

-*Você é muito bem-vindo. Boa sorte.*

Usando um novo apelido, Jean Claude mais tarde ligou para a mesa telefônica da COMTEC, alegando trabalhar para a Câmara de Comércio Brasil-EUA. Ele informou que estavam planejando um evento de segurança cibernética e gostaria de convidar o chefe do departamento de segurança da COMTEC como participante. A telefonista identificou prontamente Robert Resende como ocupante do cargo. Jean Claude agradeceu a ajuda prestada e informou que encaminharia o convite por correio.

Mais tarde, naquela noite, Jean Claude passou pelos escritórios da COMTEC exatamente às 20h, e falou com o vigia noturno. Ele pediu para falar com Bruno da DELTA, que foi muito recomendado a ele. Em dez minutos, Bruno apareceu.

-Olá Bruno. Meu nome é Winston Bosquet e trabalho para a Stedman Security. Estamos sob contrato do chefe de segurança da COMTEC, Robert Resende, para realizar uma pesquisa sobre como os funcionários da COMTEC seguem adequadamente as práticas de segurança no manuseio de informações confidenciais. O Sr. Resende não quer que ninguém da COMTEC saiba sobre seu projeto especial, mas ele me disse que você é alguém em quem eu poderia confiar por completo.

-De que exatamente você precisa?

-Eu gostaria de sentar com você durante um café para discutir suas observações sobre como os funcionários da COMTEC protegem suas informações. Eles deixam coisas em cima de suas mesas? Deixam senhas de computador em notas adesivas? Deixam as gavetas do arquivo destrancadas? Destroem a documentação sensível?

Bruno concordou prontamente em discutir essas questões durante o café, naquela mesma noite. Jean Claude pagou a ele

R$200 (US $ 50) por 20 minutos de seu tempo – e, então, pediu mais uma coisa, se Bruno poderia coletar e colocar o lixo da COMTEC em uma área onde Jean Claude pudesse recuperá-lo nos próximos quatro dias? Nesse caso, Jean Claude pagaria a ele R$1.000 (US $ 250) adiantados por essa assistência. Bruno, imediatamente, aproveitou a oportunidade para obter uma receita adicional.

Vários documentos intactos foram recuperados por Jean Claude durante os quatro dias de coleta. Um deles, um diretório de pessoal interno completo, trazia identificação de departamentos, posições, nomes e informações de contato. Um outro, um rascunho de apresentação de *slides* sobre os recursos do novo produto de *software*. No geral, o investimento no lixo rendeu dividendos.

Jean Claude, então, encontrou Luísa para almoçar e explicar-lhe seu trabalho de recrutamento de funcionários para um cliente que estava abrindo uma nova empresa de TI. Luísa era uma das várias pessoas que ele queria conhecer para ver lhe seria conveniente. Na hora seguinte, Jean Claude 'derramou seu charme' ao elogiar Luísa em muitas facetas de sua vida pessoal e profissional. Com o pretexto de potencialmente querer ver os funcionários da COMTEC como candidatos adicionais, Jean Claude conseguiu obter informações sobre as principais pessoas de lá.

Obter o diretório de pessoal antes dessa reunião foi muito benéfico. Dos dez indivíduos que trabalhavam no departamento de programação, um parecia ser um alvo muito atraente. Seu nome era Sunjay Kumar, e Luísa o descreveu como um cidadão indiano que chegara a São Paulo havia dois anos. Ela descreveu Sunjay como muito bem-educado e trabalhador, mas ele sentia falta da família em casa e estava tendo dificuldades para se ajustar à vida no Brasil. Mais importante, ele não estava muito feliz na COMTEC. Ele não tinha um relacionamento muito bom com o chefe do departamento. Luísa comentou que Sunjay confidenciara a ela, fazia vários meses, que esperava encontrar outro emprego no Brasil ou voltar para a Índia. Para Jean Claude, esse foi um *insight* muito valioso. Ele encerrou o encontro dizendo a Luísa que voltaria a entrar em contato com ela na hora de fazer contatações e solicitou-lhe que considerasse a conversa estritamente confidencial.

No dia seguinte, Jean Claude telefonou para a COMTEC perguntando por Sunjay Kumar. Sem entrar em detalhes, Jean Claude disse que estava com a empresa AVANTE e queria um jantar em que falaria sobre uma oportunidade de emprego em potencial, uma vez que Sunjay havia sido altamente recomendado por um ex-funcionário da COMTEC. Embora um pouco hesitante, Sunjay concordou em se encontrar com Jean Claude para jantar no exclusivo Hotel Intercontinental, escolhido para impressionar Sunjay.

Após trocar gentilezas, Jean Claude explicou que trabalhava para uma empresa de consultoria localizada em Quebec, Canadá. Para aliviar qualquer suspeita possível, Jean Claude forneceu a Sunjay um cartão de visita profissional. Enquanto AVANTE existia apenas no papel, Jean Claude se preocupava em impedir qualquer ligação telefônica feita por uma conta virtual estabelecida por meio de um centro de atendimento comercial. Jean Claude explicou a Sunjay que sua principal clientela eram empresas de serviços financeiros localizadas em todo o mundo. Além de atender a suas necessidades de TI, a AVANTE também prestou serviços de *headhunting* a esses clientes. Atualmente, ele estava recrutando pessoal chave para um cliente que estava expandindo suas operações no Brasil.

Sunjay chamou a atenção de Jean Claude como um candidato em potencial, e ele queria saber mais sobre o passado de Sunjay. Se fosse considerado um ajuste em potencial, ele forneceria a Sunjay mais detalhes - o cliente não identificado não queria que fosse divulgado publicamente que estava planejando entrar no mercado.

Sunjay passou as próximas horas detalhando seu histórico pessoal e profissional, incluindo sua experiência de trabalho na COMTEC e seu trabalho em um projeto chamado XENOX 2000. Conquanto tivesse cuidado em não reclamar do ambiente de seu escritório, Sunjay mencionou que estava procurando progredir em sua carreira, seja no Brasil, seja em outro país.

Após o jantar, Jean Claude procurou um colega que queria trazer para fazer o papel do cliente em potencial. Barry, que era descendente de indianos, voou para São Paulo, para um dia de ensaios com Jean Claude. Depois de fazer com que Sunjay assinasse um acordo de sigilo, Jean Claude apresentou "Pankaj" a Sunjay como chefe do projeto de expansão no exterior da gigante indiana TI PTU DATA. Totalmente familiarizado com os costumes indianos e falando em punjabi, o idioma nativo de Sunjay, Pankaj foi capaz de estabelecer, rapidamente, um relacionamento com Sunjay. Pankaj expôs o plano ostensivo para a abertura de escritórios no Brasil e afirmou que Sunjay era uma das três pessoas que ele estava considerando para o cargo de gerente de programação. Nessa função, Sunjay supervisionaria uma equipe de 15 pessoas e esperaria ganhar o dobro de seu salário atual, além de bônus anuais.

Sunjay sentou-se na beirada da cadeira - essa posição parecia a chance de uma vida. Ele se perguntou se seria escolhido entre os outros dois candidatos, mas Pankaj acrescentou que Sunjay era uma forte preferência, dada sua origem indiana, o que facilitaria sua capacidade de trabalhar com gerentes mais seniores da TI PTU DATA. Embora tudo parecesse bem no papel, Pankaj precisava ver um exemplo do melhor trabalho de programação de Sunjay. Sunjay precisaria fornecer uma cópia do programa de *software* em que estava trabalhando no momento. Se a Sunjay não fosse finalmente oferecido o cargo, ele ainda receberia R$50.000 ($ 12.500) pelo programa.

Sunjay justificou sua decisão de ajudar Pankaj por várias razões. Ele viu nisso uma oportunidade de ouro para subir em sua carreira e sentiu satisfação pessoal em ajudar uma empresa de sua terra natal. Ele queria vingar-se de seu chefe, que não apreciava seu trabalho árduo e potencial, e os R$50.000 permitiriam que ele pagasse algumas dívidas.

Sunjay usou um dispositivo de mídia de armazenamento especial que Pankaj havia passado para ele para baixar o programa da COMTEC, e sub-repticiamente carregou o *malware* com o código alterado. Jean Claude obteve o USB de Barry e forneceu o programa a seu cliente, pelo qual foi generosamente recompensado. Depois de inúmeras reclamações de clientes e da significativa má impressão sobre a XENOX 2000 e falhas técnicas, outra empresa lançou um produto muito semelhante e conquistou o mercado. Sunjay, que recebeu seus R$ 50.000, nunca mais foi contatado.

.

Capítulo 1

Atores de ameaças: o que queremos e como racionalizamos o roubo

"O governo chinês não se envolve em roubo de segredos comerciais de nenhuma forma, nem incentiva ou apoia, de forma alguma, as empresas chinesas a se envolverem em tais práticas.."

—Xi Jinping

Quando criança, fui criado em uma família católica muito rígida. Meus pais fizeram todos os esforços para garantir que meus cinco irmãos e eu fôssemos devidamente educados na fé católica e praticássemos os ensinamentos focados na honestidade, lealdade e filantropia em nossas vidas diárias. Aos 14 anos, saí de casa para entrar no St. Lawrence Seminary, que prepara os jovens para possíveis vocações ao sacerdócio. Meus quatro anos no seminário central de Wisconsin proporcionaram uma grande oportunidade para o crescimento pessoal e reflexão, e fiquei muito mais entusiasmado foi com as viagens missionárias de verão à costa leste da Nicarágua. Mesmo tendo decidido deixar os estudos do seminário, essas experiências missionárias me imprimiram um forte desejo de um dia trabalhar na América Latina.

Vários anos depois, após obter meu mestrado em gestão de negócios internacionais, consegui um cargo em um banco do sul da Flórida com operações em toda a América Latina. Meu foco era em *private banking*, gerenciando contas de clientes de alto patrimônio líquido de vários países da América do Sul, incluindo Argentina, Brasil, Chile e Colômbia.

Durante meu tempo nessa função, aprendi que um banqueiro privado de sucesso é aquele que se destaca em manter relacionamentos próximos e de confiança com os clientes. Se os clientes gostarem de você, sua rede crescerá facilmente por meio de referências fornecidas a seus familiares, amigos e colegas de trabalho. Depois de estabelecer uma lista de relacionamentos de trabalho próximos, saí do banco privado e comecei a trabalhar como consultor pessoal de investimento e segurança atendendo vários clientes.

Devido a minhas frequentes viagens à América Latina, minha rede de contatos e fluência em espanhol e português, acabei sendo procurado pela Agência Central de Inteligência (CIA). Apesar de eu nunca ter pensado em trabalhar com o governo dos EUA, muito menos com a CIA, fiquei intrigado e disposto a explorar a oportunidade. Eles queriam que eu me tornasse um oficial de caso, coletando informações de inteligência estrangeira a fim de serem usadas por funcionários dos EUA para tomar decisões políticas mais bem informadas. Essas informações não eram públicas, eram confidenciais e inestimáveis. A CIA me forneceria o requisito de inteligência e identificaria a quem dentro de uma organização eu teria provavelmente acesso. Meu trabalho seria obter acesso a essa pessoa e, eventualmente, manipulá-la para fornecer-me essa informação. Em essência, eu aprenderia como violar criativamente a segurança de uma organizaçãoalvo para roubar seus segredos mais preciosos. Essas organizações incluiriam vários ministérios do governo, círculos de liderança governamental sênior e infraestrutura estadual estratégica. Após várias semanas de reflexão, tomei a decisão de ingressar na CIA.

Você pode achar estranho que alguém que considerou seriamente entrar no sacerdócio, em vez disso, aceite um emprego com o requisito sublinhado de mentir e roubar. Sinceramente, foi –me um enigma moral inicial, no entanto acabei conseguindo racionalizar isso: acreditava que essa abordagem era a única maneira de completar a missão com sucesso, um empreendimento que seria de grande utilidade para meu país.

Durante minha carreira na CIA, aprendi as complexidades de fazer amizade com estranhos, manipular pessoas por meio de comunicação eletrônica e estudar meticulosamente os padrões de comportamento humano. As abordagens que usei - que mais tarde entendi como engenharia social - são praticadas por todos os tipos de pessoas, desde o ávido vendedor até o *hacker* do estado- nação.

Trago minha história pessoal para enfatizar a variedade de atores de ameaças por trás das violações de segurança de hoje: quem são, o que procuram e o que os motiva. Os atores de ameaças podem ser divididos nas seguintes categorias: atores estatais, grupos criminosos organizados, concorrentes industriais, grupos ativistas e *insiders* mal-intencionados.

Atores estaduais

Praticamente todos os estados-nação do mundo possuem um aparato de inteligência que coleta informações estrategicamente para fins defensivos e ofensivos. As nações mais ativas na coleta de informações são China, Grã-Bretanha, França, Irã, Israel, Coréia do Norte, Rússia e Estados Unidos.

Se bem que a comunidade de inteligência dos EUA normalmente não colete informações sobre empresas comerciais no exterior, muitos serviços de inteligência estrangeiros visam a corporações dos EUA. Eles estão tentando roubar tecnologia e adquirir propriedade intelectual. Avanços na tecnologia requerem, em geral, anos de pesquisa e custos de desenvolvimento significativos. Se eles puderem de fato roubar tal tecnologia, eles podem economizar tempo e dinheiro consideráveis enquanto impulsionam seus respectivos setores para competir melhor com as empresas dos EUA. A China é o caso mais notório nesse âmbito.

Outra área de foco de alguns atores estatais na condução de violações de dados é obter acesso aos dados do cliente ou pessoal de uma entidade alvo. Assim como grandes empresas (Facebook e Google) construem bancos de dados sobre os consumidores para serem usados para fins de *marketing*, alguns atores estatais parecem coletar dados detalhados sobre os cidadãos dos EUA para exploração potencial em futuras operações de inteligência.

Muitos americanos receberam sua chamada de alerta pessoal quando souberam das violações de segurança sofridas em 2014 e 2015 pelo Office of Personnel Management (OPM). O OPM é o repositório de informações pessoais coletadas e analisadas pelo governo dos EUA antes de emitir a um indivíduo uma autorização de segurança. Não existe um único banco de dados no mundo que contenha mais informações sobre os milhões de cidadãos americanos que ele. Aproximadamente 21,5 milhões de funcionários federais atuais e ex-funcionários receberam uma carta da OPM avisando que suas informações pessoais foram violadas, mas tudo o que foi oferecido em troca foi um serviço gratuito para monitorar sua identidade *online* e relatórios de crédito.

Uma segunda violação de segurança notável ocorreu na agência de crédito Equifax, em 2017. Ali, os *hackers* conseguiram obter acesso às informações confidenciais de crédito de quase 150 milhões de americanos. Ao contrário de muitas violações menores, em que as informações da conta do cartão de crédito do consumidor são vendidas pelo mercado clandestino na *dark web* e, em seguida, usadas para roubo de identidade ou para obter acesso a outros *sites*, as informações adquiridas na violação da Equifax, até o momento desta redação, não vieram à tona. Os especialistas em segurança cibernética acreditam que essas informações não foram roubadas para fins de atividade criminosa, mas sim por um estado-nação estrangeiro para fins de inteligência.

De acordo com especialistas em inteligência dos EUA, a China estava por trás de ambas as violações, o que põe em dúvida seu objetivo. Foi para roubar informações com o fito de conduzir o roubo de identidade ou de algo muito, muito maior? Pense no valor dessas informações para um ator estatal como os chineses.

16

Os dados do OPM se referem especificamente a indivíduos que têm acesso aos segredos de inteligência dos EUA. Essas informações fornecem uma visão inestimável do serviço de inteligência sobre as motivações e vulnerabilidades desses indivíduos que podem ser aproveitadas ao tentar recrutá-los como fontes potenciais de inteligência. Embora as informações roubadas da Equifax não sejam tão amplas quanto as retiradas do OPM, elas identificam indivíduos que estão passando por dificuldades financeiras. Combinar dados do OPM com os da Equifax seria extremamente valioso para esse serviço de inteligência.

Além do OPM e da Equifax, seria negligente em não destacar que o setor com o maior número de violações de segurança em andamento é o de saúde. Se o seu provedor de saúde ou seguradora foi um dos milhares que sofreram violações nos últimos anos, quais dados foram potencialmente coletados sobre você pelo autor do crime? Seu histórico biográfico, seu histórico de saúde, detalhes de emprego, número de segurança social ou números de cartão de crédito podem ter sido comprometidos. Como essa informação pode ser usada por alguém com intenções nefastas? Mesmo não havendo evidências de que a China esteja por trás das violações no setor de saúde, essas informações são perigosamente poderosas nas mãos de qualquer serviço de inteligência.

Independentemente dos objetivos finais de coleta buscados pelos atores estatais ao violar a segurança e roubar informações, seus oficiais de inteligência são motivados predominantemente por extrema lealdade a seu país - raramente se trata de dinheiro. Assim como os agentes de inteligência dos EUA, os atores estatais correm o risco de serem descobertos e potencialmente encarcerados em um país estrangeiro.

Crime organizado

A grande maioria das violações de segurança, incluindo ataques cibernéticos, pode ser atribuída a grupos criminosos. Seja um pequeno grupo de criminosos ou parte de um grande sindicato criminoso, a motivação é predominantemente o ganho financeiro. Pense neles como ladrões de arte – em geral, eles não roubam obras de arte para suas próprias coleções, mas procuram vendê-las no mercado negro. O maior mercado de informações digitais roubadas na Internet é a *dark web*.

Visualize a Internet como um *iceberg*. No topo, acima da superfície da água, está uma área vista e acessada pelo Google e outros mecanismos de pesquisa. Essa camada, comumente chamada de superfície da Web, representa apenas 5% de toda a Internet. Os outros 95% abaixo da superfície são chamados de *deep web* e contêm locais que não são indexados e, portanto, não podem ser acessados por mecanismos de pesquisa padrão. Dentro dessa *deep web* existem mercados em que os criminosos compram e vendem informações, bem como outros produtos e serviços, enquanto permanecem anônimos e utilizam moedas digitais.

Embora uma parte significativa das violações possa, de fato, ser conduzida por elementos criminosos, é difícil separar esses ataques daqueles planejados ou orquestrados pelos estados-nação. Em alguns casos, os estados-nação usarão grupos do crime organizado como um multiplicador de força na realização de tais ações, ao mesmo tempo que desviam a atribuição do estado-nação. Além disso, o crime organizado pode abordar os estados-nação como clientes em potencial para dados roubados.

Além de roubar dados para uso interno ou revenda, os criminosos também visam a entidades por meio de outras táticas. Um dos esquemas criminosos mais populares é o *ransomware*, em que o criminoso quebra a segurança para criptografar os dados do alvo e mantê-los como reféns. Em troca do pagamento do resgate, geralmente na forma de *bitcoin,* o criminoso fornecerá à vítima um código de descriptografia. Uma vez infectadas com *ransomware*, as vítimas têm poucas opções. A menos que eles tenham instalado anteriormente um sistema de *backup* de dados bem isolado com atualizações regulares, a perda de acesso a seus dados praticamente paralisa suas atividades operacionais, o que pode resultar rapidamente em perda substancial de receita. Embora as autoridades governamentais geralmente recomendem não pagar o resgate, esse tipo de pagamento, em regra, é muito mais barato do que sofrer o fechamento de seus negócios até que o sistema de TI e o banco de dados possam ser reconstruídos. Por isso, a maioria das vítimas acaba pagando o resgate. Nenhuma organização ou indivíduo está a salvo de tais ataques. Eles atingiram empresas de pequeno a grande porte, instituições acadêmicas e órgãos do governo municipal, estadual e federal, bem como indivíduos privados. De acordo com um relatório da empresa de segurança cibernética Emisoft, os ataques de *ransomware* custaram à economia dos EUA mais de US $ 7,5 bilhões em 2019 e prevê-se que só aumentem nos próximos anos.

Outra tática cada vez mais popular usada por grupos criminosos em violações de segurança são os esquemas de comprometimento de *e-mail* comercial (BEC). Em geral, essa abordagem visa a empresas que trabalham tanto com fornecedores estrangeiros, quanto com empresas que realizam transferências eletrônicas regularmente. Nesses casos, os criminosos podem inserir-se na correspondência por *e-mail* entre gerentes e aqueles que podem realizar transferências eletrônicas com base em suas instruções. Posando de gerente, o criminoso enviará um *e-mail* bem elaborado com instruções urgentes para enviar uma transferência eletrônica ao que parece ser um destinatário normal. No entanto, as instruções específicas de transferência eletrônica são para uma conta bancária fraudulenta. Assim que os fundos são recebidos, o criminoso os retira rapidamente antes de ser descoberto. De acordo com o Tesouro dos EUA, os ataques do BEC, em 2018, custaram às empresas norte-americanas mais de US $ 300 milhões por mês.

Espionagem corporativa

Todas as empresas coletam continuamente informações sobre seus concorrentes para se posicionarem melhor no mercado. Não obstante a inteligência competitiva ser predominantemente coletada dentro de restrições legais e éticas, algumas empresas vão cruzar a linha e adotar métodos de coleta antiéticos ou ilegais. Às vezes, elas podem contratar agentes de inteligência para se distanciarem de tal atividade, sem perceber que a descoberta pode redundar em sérias acusações criminais e em grande impacto financeiro para a corporação. Mais comumente, essas empresas usarão técnicas de recrutamento para contratar novos funcionários que concordem em fornecer informações proprietárias a que tiveram acesso durante seu emprego em uma empresa concorrente.

Independentemente da técnica empregada, a aquisição ilegal de segredos comerciais corporativos é considerada espionagem industrial.

Ativistas

O ativismo pode incluir esforços para defender, bloquear, dirigir ou intervir em reformas políticas, sociais, econômicas ou ambientais com o objetivo de efetuar mudanças na sociedade. Esse ativismo pode ser expresso de várias maneiras e pode ser pacífico ou violento. As medidas pacíficas incluem escrever cartas a políticos, colocar artigos de opinião em publicações de notícias, conduzir manifestações públicas ou promover boicotes. Medidas escalonadas podem invocar ou promover atos de violência. No extremo do espectro estão os grupos terroristas, que normalmente concentram seus esforços para invocar mudanças por meio de atos de terror. Apesar das entidades e funcionários governamentais terem sido tradicionalmente o principal alvo das causas ativistas, o foco mais recente são as grandes corporações. Nesses casos, os ativistas tentam pressionar as empresas a fazer mudanças que podem afetar o bem-estar dos funcionários, o consumidor ou o meio ambiente.

Os grupos ativistas podem tentar violar a segurança de uma entidade para promover sua causa por meio de métodos como o roubo de informações proprietárias para divulgação pública, a fim de fornecer provas de acusações ou para constranger a entidade. Frequentemente, essas violações acabam afetando seriamente o bem-estar financeiro da empresa. Outras violações podem facilitar o acesso a espaços não públicos ou restritos da empresa a membros de grupos ativistas durante protestos planejados.

Insiders Maliciosos

As ameaças nem sempre são externas à empresa - às vezes, elas se desenvolvem internamente. Essas ameaças internas, em geral, se originam de ato de um funcionário desleal da empresa que pretende beneficiar-se pessoalmente à custa da empresa. Esses indivíduos costumam ficar insatisfeitos e, às vezes, muito zangados. Eles podem sentir-se ou subestimados, acreditando que merecem um cargo ou salário mais alto, ou menosprezados por seu supervisor. Nesse caso, a vingança se torna um motivador e eles querem vingar-se de sua empresa. Outra motivação pode ser financeira. Eles podem estar com dificuldades financeiras, preocupados em não conseguir sustentar a família, ou podem desejar pagar certos luxos na vida.

Em última análise, esses *insiders* violarão os protocolos de segurança para obter e usar informações proprietárias em seu próprio benefício. Alguns *insiders* podem oferecer-se para vender as informações a terceiros, como concorrentes ou fornecedores que tentam obter contratos com a empresa. A forma mais frequente de as ameaças internas se concretizarem é quando os funcionários existentes obtêm informações proprietárias para estabelecer seus próprios negócios ou para melhorar sua posição com um novo empregador.

Uma subcategoria dentro da ameaça interna é um denunciante, um *insider* que decide divulgar informações confidenciais às autoridades governamentais ou ao público em geral. Quase sempre, envolve uma fraude financeira grave ou um encobrimento pela administração de um processo ou procedimento considerado prejudicial aos consumidores. Em regra, o denunciante é motivado pelo desejo de corrigir o que acredita ser um erro grave dentro da organização em que trabalha. Como um ativista, eles querem efetuar mudanças.

*****

A despeito das ameaças descritas acima, encontro, com frequência, indivíduos que acreditam que sua organização não se tornará um alvo de interesse, especialmente para serviços de inteligência estrangeiros ou de grupos criminosos organizados. Eles acreditam que sua organização não tem nada de valor real para roubar. Então, pergunto com que outras entidades sua organização conduz negócios? Muitas vezes, um ou mais de seus clientes são alvos de alto valor.

Os criminosos e os serviços de inteligência sempre avaliarão se uma entidade alvo é considerada *hard* ou *soft*. O alvo difícil é extremamente difícil de penetrar diante dos protocolos de segurança robustos. Pelo contrário, os alvos fáceis praticamente deixam a porta aberta com um sinal de boas-vindas colocado na entrada. Quando confrontados com um alvo difícil, os engenheiros sociais identificarão e analisarão cuidadosamente se as entidades que fornecem produtos ou serviços a esse alvo podem fornecer o canal perfeito para obter acesso. Exemplos de tais provedores de serviços para exploração potencial são escritórios de advocacia, firmas de CPA, empresas de recursos humanos, provedores de gerenciamento de TI e outros fornecedores.

O vazamento dos Panama Papers revelou a quantidade de informações confidenciais que os escritórios de advocacia podem ter sobre seus clientes. Nesse caso, mais de 2,6 *terabytes* de dados com 11,5 milhões de arquivos foram acessados a partir de uma violação de dados do quarto maior escritório de advocacia *offshore*

24

do mundo, o panamenho Mossack Fonseca. Embora a identidade real e a metodologia usada pela fonte da violação permaneçam confidenciais, as informações foram fornecidas em agosto de 2016 ao jornal alemão Süddeutsche Zeitung. A documentação adquirida identificou uma longa lista de clientes proeminentes, bem como detalhes sobre as metodologias usadas para ocultar seus ativos *offshore*.

Numerosos líderes nacionais estavam na lista, incluindo o então primeiro-ministro paquistanês Nawaz Sharif, o ex-primeiro-ministro interino e ex-vice-presidente iraquiano Ayad Allawi, o presidente ucraniano Petro Poroshenko e o primeiro-ministro islandês Sigmundur Davio Gunnlaugsson. Outros relatos foram vinculados a familiares ou pessoas próximas do presidente egípcio Hosni Mubarak, do primeiro-ministro britânico David Cameron e do presidente russo Vladimir Putin.

Conquanto os Panama Papers se tenham tornado uma violação sensacionalista devido a seu tamanho e escopo de vítimas de alto perfil, eles também revelaram que a maioria dos escritórios de advocacia provavelmente tenha informações confidenciais de clientes, que seriam valiosas para os agentes da ameaça. Essas informações podem revelar detalhes sobre propriedade real de imóveis e outros ativos, detalhes de fusões e aquisições, estratégias de negociação, reestruturação de dívidas, planejamento de litígios e muito mais. Enquanto as violações bem-sucedidas de escritórios de advocacia estão aumentando, a maioria dos escritórios de advocacia continua complacente com a implementação de protocolos de maior segurança para proteger melhor as informações que seus clientes lhes confiam. É improvável que isso mude até que os clientes comecem a conduzir a devida diligência nos escritórios de advocacia e os obrigue a padrões mais elevados.

Digamos que sua empresa forneça serviços de consultoria de engenharia e você tenha muitos clientes, tanto no setor privado quanto no governo dos Estados Unidos. Você ganhou uma licitação para fornecer serviços de engenharia a uma nova instalação de última geração que está sendo construída para um fabricante de supercondutores. Essa entidade é um alvo de alta prioridade para o serviço de inteligência estrangeiro. Em vez de tentar penetrar diretamente na entidade alvo para coletar informações proprietárias, é provável que o serviço de inteligência estrangeiro tente penetrar em sua empresa para obter os esquemas detalhados da instalação. Eles podem até considerar o recrutamento de um de seus funcionários com acesso direto e sem escolta à instalação de destino durante o projeto.

Dois exemplos da vida real dos setores de varejo e saúde também ilustram esses riscos. Em 2013, uma violação de segurança na Target comprometeu as contas de pagamento de cerca de 41 milhões de clientes e os dados pessoais de aproximadamente 70 milhões de consumidores. Numerosos processos judiciais foram movidos contra esse varejista, e os custos totais da violação ultrapassaram US $ 236 milhões, incluindo um acordo multiestadual inicial de US $ 18,5 milhões para cobrir custos específicos do estado associados a suas investigações da violação. Além disso, a Target concordou em pagar até US $ 10.000 para consumidores que pudessem provar que seus dados estavam comprometidos.

Como a Target foi penetrada? Acontece que os autores desse ataque violaram primeiro um provedor de HVAC terceirizado com base na Pensilvânia. Em seguida, eles roubaram as credenciais de *gateway* do computador desse fornecedor para obter acesso à rede da Target e instalar o *malware*.

Na violação da Managed Health Services (MHS) de 2018, mais de 31.000 membros do plano tiveram suas informações pessoais comprometidas, incluindo nomes, números de identificação do seguro, endereços, datas de nascimento, datas de serviço e descrições de condições médicas. Os custos totais não foram divulgados, contudo essa violação teve um impacto sério na reputação da MHS no setor de saúde.

Como isso aconteceu? Apesar de ser atribuível a dois incidentes separados, a primeira violação foi associada a um ataque de *phishing* na empresa fornecedora LCP Transportation. Os funcionários da LCP receberam *e-mails* fraudulentos, permitindo que *hackers* acessassem suas contas de *e-mail*. Assim que os perpetradores penetraram na rede LCP, eles foram capazes de encontrar um *gateway* para o MHS.

Mesmo que você não acredite que sua organização tenha algo de valor significativo para roubar, nunca presuma que você não seja um alvo em potencial. Uma atitude melhor seria perguntar se alguma das empresas com as quais você faz negócios tem alvos atraentes.

Capítulo 2

Coletando informações sobre uma organização alvo

"Ao falhar em se preparar, você está-se preparando para falhar."

—Benjamin Franklin

Montar um ataque contra um alvo ou adversário nunca é conduzido no vazio. Todas as informações disponíveis são coletadas com antecedência e analisadas cuidadosamente para chegar à melhor estratégia com o intuito de maximizar o sucesso da operação, ao mesmo tempo que minimiza qualquer comprometimento potencial do patrimônio. Os comandantes militares coletarão diligentemente a verdade básica antes de enviar suas forças. Terroristas e grupos criminosos organizados que procuram sequestrar seu alvo normalmente montam a vigilância com dias ou semanas de antecedência para coletar informações sobre o padrão de vida desse alvo. Da mesma forma, engenheiros sociais profissionais que procuram penetrar em uma organização para roubar dados certamente conduzirão suas pesquisas também.

Como oficial de inteligência da CIA, aprendi a aproveitar um grande recurso interno: analistas que fornecem pacotes de segmentação. Eles coletaram informações de várias fontes públicas e não públicas, realizaram uma análise e ajudaram a orientar melhor minhas operações de seleção de alvos. No entanto, às vezes, eu precisava complementar essas informações com minha própria pesquisa.

Apesar da capacidade de um oficial de inteligência da CIA de acessar recursos não públicos, às vezes as informações mais valiosas estão à vista de todos. Graças à proliferação da World Wide Web, existem muitos recursos públicos que parecem completamente inofensivos para a pessoa média, mas apresentam uma verdadeira vulnerabilidade para uma organização alvo quando um engenheiro social sabe como explorá-la.

Sites da Organização

Meu ponto de partida é normalmente o *site* oficial estabelecido pela entidade de que desejo adquirir informações. De todos os recursos públicos disponíveis, esse é o meio sobre o qual a entidade tem controle total quando se trata de expor informações. Enquanto os *sites* no final da década de 1990 tinham comumente apenas algumas páginas, os *sites* organizacionais de hoje podem ultrapassar várias dezenas. Eles são estruturados em várias categorias, cada uma fornecendo informações de valor potencial a engenheiros sociais.

Quase sempre, a seção "Sobre nós" descreve informações históricas, bem como a declaração de missão da entidade. Esses detalhes podem fornecer uma janela para a cultura da organização. O que eles valorizam ou o que desejam transmitir ao público que valorizam? Isso pode ser útil para estruturar um pretexto ou uma história de capa quando eu decido, por fim, abordar um membro da organização alvo. Esta mesma seção também pode identificar figuras de liderança e outras pessoas importantes que trabalham com a entidade. Normalmente, ele irá incorporar suas fotos, biografia e, ocasionalmente, até mesmo informações de contato.

Uma seção de "Produtos e Serviços" detalha as *commodities* que a entidade está tentando promover. Mais uma vez, essas informações podem ser úteis ao desenvolver um pretexto para iniciar o contato com um representante da empresa.

A parte "Comunicados à imprensa / notícias" de um *site* é, de certa forma, útil para identificar marcos recentes alcançados pela entidade ou sua administração. Isso pode incluir promoções pessoais importantes, contratos obtidos ou aquisições estratégicas de empresas incorporadas ao grupo. Frequentemente, esses comunicados à imprensa também incluem breves declarações de funcionários importantes.

"Oportunidades de carreira" fornecem uma indicação do crescimento da empresa, seja pela ótica geográfica ou por novos produtos ou serviços. Muitas vezes, eles também incluem anúncios de emprego.

"Fale conosco" é um portal por meio do qual é solicitado contato externo - uma oportunidade bem-vinda para engenheiros sociais.

Ofertas de Trabalho

Quer sejam postadas no *site* da organização ou em um dos muitos *sites* de anúncio de emprego, como Monster, Indeed, CareerBuilder e Glassdoor, as listas de empregos fornecem uma riqueza de informações. No mínimo, as listagens geralmente revelam as qualificações básicas de TI preferidas por um candidato, o que pode fornecer uma visão inestimável dos programas de *software* que a organização executa em seu servidor.

Um exemplo disso foi um anúncio de emprego recentemente colocado no Indeed por uma empresa do meio-oeste que procurava contratar um AWS Data Architect. Os detalhes a seguir foram listados no anúncio de emprego em "Requisitos técnicos".

- Experiência na implementação de AWS Data Services em produção Redshift, EMR, EC2, S3, Athena, RDS, DynamoDB, Kinesis, Glue etc.
- Experiência no desenvolvimento de plataformas de dados distribuídas utilizando Spark, Scala, PySpark, Spark-SQL.
- Experiência no aproveitamento de tecnologias de Big Data em Hadoop, Hive, HBase, HDFS, Cassandra, Kafka, Sqoop etc.
- Proficiência em Python, Scala e / ou Java.
- Proficiência em SQL.
- Experiência com projeto e implementação de RDBMS, Oracle, PostgreSQL, MySQL, MS SQL Server etc.

Antes do lançamento oficial de um produto ou serviço, as empresas frequentemente contratam funcionários adicionais para apoiar sua expansão no mercado. As descrições de cargos podem fornecer uma visão mais ampla do foco de mercado da entidade alvo, seja crescimento por meio de clientes atuais, aquisição de novas contas de clientes ou expansão geográfica.

Mediante um anúncio de emprego, uma empresa convida o contato com alguém de fora e oferece aos engenheiros sociais a oportunidade de enviar um currículo ao RH. Outra abordagem é eu escolher cuidadosamente outra pessoa na empresa para encaminhar meu currículo - e o *malware* potencialmente anexado ao RH. As ofertas de emprego também fornecem a capacidade de entrevistar o empregador, criando uma oportunidade adicional para coletar informações críticas sobre a organização. Eu poderia até mesmo fazer com que um dos membros de minha equipe tentasse conseguir um emprego na empresa e se tornasse meu *insider*.

Sites de avaliação do empregador

A Glassdoor tem um banco de dados com mais de 8 milhões de avaliações de empresas, classificações de liderança e gestão, relatórios de salários, dicas de entrevistas de emprego, relatórios de benefícios para funcionários e percepções do local de trabalho, todos gerados pelas pessoas que conhecem melhor a empresa: os funcionários. Aqui, os engenheiros sociais podem obter uma visão inestimável daquilo de que os funcionários gostam ou não gostam no trabalho para a organização alvo. Avaliações que discutem grandes oportunidades de crescimento profissional, gestão incrível, horários flexíveis e bons benefícios são tão valiosas quanto classificações que revelam falta de oportunidades de progressão na carreira, ambiente de trabalho antagônico, gestão incompetente, horas longas ou nenhum benefício.

Essas análises fornecem o pulso sobre o moral dentro da organização. Geralmente, é muito mais fácil manipular um funcionário insatisfeito do que alguém muito feliz e leal a seu empregador.

Sites de mídia social da organização

Embora uma entidade possa usar agressivamente as mídias sociais para ajudar a promover seus produtos e serviços, uma consequência não intencional pode ser o vazamento de informações, que pode ser inestimável para os engenheiros sociais. Essa exposição resulta na criação de vulnerabilidades para a organização. Os funcionários da empresa frequentemente carregam fotos ou vídeos seus no local de trabalho para *sites* de mídia social, fornecendo aos engenheiros sociais uma visão de seus espaços físicos de trabalho.

Ao hospedar eventos, algumas organizações publicarão plantas baixas. Eles poderiam ser úteis para um criminoso que deseja fazer uma intrusão física? As imagens carregadas fornecem, quase sempre, informações sobre a aparência dos espaços de trabalho reais. Existem escritórios aos quais pode ser mais difícil obter acesso ou existem áreas de cubículos abertas? Ou, talvez melhor ainda, existam áreas de estar compartilhadas onde os funcionários podem simplesmente sentar-se, resultando em menos escrutínio sobre aquele a quem, de fato, pertence à área?

Compreender o código de vestimenta dos funcionários pode ser útil se estou enviando alguém e quero que ela se encaixe. Além do vestido, as fotos, com frequência, revelam informações sobre os tipos de crachás usados pela empresa e como os funcionários os exibem. Se eu conheço o *design* específico do crachá, um pode ser facilmente fabricado para uso em *flash.*

Ocasionalmente, as imagens compartilhadas capturarão os nomes de redes WIFI postadas ou senhas. Fotos tiradas na frente das estações de trabalho dos funcionários frequentemente fornecem informações detalhadas sobre a marca e o modelo do *hardware* do computador. Se a tela permanecer ligada, posso ver quais navegadores e programas de *software* específicos são usados na organização. Às vezes, essas fotos podem até mostrar *e-mails* ou documentos deixados na tela.

Pesquisas criativas no Google

Ao pesquisar um tópico no Google, a maioria das pessoas visualizará apenas as 12 primeiras entradas. No entanto, existem facilmente milhares de entradas sobre grandes empresas, e algumas das informações mais interessantes para engenheiros sociais podem ser encontradas muito além da primeira página de resultados. Por essa razão, conduzir pesquisas criativas é crucial. Uma simples pesquisa do nome da empresa e "pdf" pode revelar manuais de funcionários, pacotes de benefícios para funcionários, guias de usuário de TI, acordos de sigilo firmados e outros documentos que contenham informações confidenciais. As diferentes empresas que são subcontratadas pela empresa alvo para serviços como zeladoria, eliminação de lixo, *catering* ou pessoal temporário podem, com frequência, ser identificadas nesses documentos - um recurso fundamental para explorar prestadores de serviços contratados para violar a segurança.

"Wayback Machine"

Um equívoco comum em relação à Internet é considerar que as informações originais não estão mais disponíveis ao público, desde que uma organização as haja excluído ou modificado em seu *site* corporativo. Felizmente para os engenheiros sociais, esse não é o caso. The Wayback Machine (www.archive.org/web) é um arquivo digital da World Wide Web. Este recurso gratuito permite que os usuários vejam versões arquivadas de páginas da Web ao longo do tempo, desde 1996. Portanto, mesmo se o novo diretor de segurança da organização de destino decidiu que algumas das informações no *site* de uma empresa devem ser removidas, a Wayback Machine pode ser usada para potencialmente recuperá-las.

Reconhecimento Facilitado

Não preciso andar fisicamente pela rua para ver como é o prédio comercial do alvo - posso fazer isso virtualmente por meio de mapas e imagens de satélite oferecidos pelo Google Maps e Google Earth, que fornecem imagens do prédio comercial do alvo e até mesmo da residência de um indivíduo . Se eu quisesse iniciar uma invasão em um escritório alvo, gostaria de aprender o máximo possível sobre os pontos de acesso. Por exemplo: Existem guardas? Eles estão armados? Existe videovigilância? Mais importante, eu gostaria de descobrir quais empresas estão perto do local de destino, como cafeterias, bares, restaurantes, academias de ginástica e lojas de materiais de escritório.

Esse tipo de inteligência é importante porque me ajuda a identificar os lugares onde os indivíduos da instalação alvo podem encontrar-se durante a semana de trabalho, proporcionando oportunidades de esbarrar com eles casualmente. Isso pode resultar em uma conversa na qual posso obter informações com cuidado. Como alternativa, pode levar a uma oportunidade de desenvolver um funcionário como uma futura fonte interna. Outras oportunidades oferecidas podem ser o roubo da credencial do funcionário, facilitando uma intrusão no prédio do alvo ou o roubo do *laptop* do funcionário, que contém provavelmente informações proprietárias.

Além disso, posso usar informações geográficas para identificar locais nas proximidades que fazem entregas ao escritório do alvo, como floriculturas, restaurantes ou materiais de escritório. Com essas informações em mão, posso decidir-me passar por alguém que está fazendo uma entrega para obter acesso sem escolta às instalações.

Identificação de funcionários

A Internet pode ser explorada para identificar os nomes de muitos funcionários da organização alvo, bem como seus cargos. De longe, o *site* com mais recursos usado por engenheiros sociais para essa finalidade é o LinkedIn - cerca de 40% dos funcionários de uma empresa têm seu próprio perfil no LinkedIn. Outros recursos para identificar funcionários incluem o *site* oficial da organização e páginas de mídia social. A identificação dos funcionários é uma etapa crucial para os engenheiros sociais no planejamento de seus ataques.

Recursos Online Adicionais

Embora existam muitos serviços de assinatura com base em taxas que fornecem informações sobre organizações corporativas sem fins lucrativos, acadêmicas e governamentais, a lista a seguir identifica os *sites* que fornecem informações úteis gratuitamente:

Bloomberg - notícias sobre empresas e dados financeiros relacionados:

www.bloomberg.com

Informações corporativas - informações gratuitas e baseadas em assinatura para empresas em todos os países:www.corporateinformation.com

Diretório de Associações - lista de todas as associações profissionais e câmaras de comércio locais, estaduais, nacionais e internacionais:

www.directoryofassociations.com

Dun & Bradstreet - informações atualizadas com frequência sobre empresas em todo o mundo; serviços gratuitos e pagos:

www.dnb.com

Education Corner - lista mais de 7.000 faculdades e universidades nos EUA, com seus perfis e *links* associados:

www.educationcorner.com/colleges-universities.html

GuideStar - o maior recurso de informações do mundo sobre organizações sem fins lucrativos:

www.guidestar.org

Opencorporates - o maior banco de dados aberto de empresas do mundo:

www.opencorporates.com

Privco.com - predominantemente baseado em taxas e focado em empresas privadas:

www.privco.com

Governo federal dos EUA - *links* para todos os departamentos e agências do governo federal:

www.usa.gov/federal-agencies

Municípios dos EUA - identificação de municípios estaduais e *links* para seus *sites*:

www.en.wikipedia.org/wiki/Category:Lists_of_towns_in_the_ United_States

***Sites* da Secretaria de Estado dos EUA** - muito úteis para pesquisar empresas constituídas dentro de um estado específico:

www.thebalancesmb.com/secretary-of-state-websites-1201005

U.S. Securities and Exchange Commission (SEC) - informações sobre todas as empresas de capital aberto, incluindo registros públicos:

www.sec.gov

Governos estaduais dos EUA - *links* para programas e escritórios do governo estadual:

www.usa.gov/states-and-territories

Peter Warmka

Capítulo 3

Selecionando *insiders* e coletando dados de avaliação pessoal

"Muito hacking é brincar com outras pessoas, isto é, fazer com que façam coisas estranhas."

— Steve Wozniak

Coletar informações sobre organizações é uma coisa, mas selecionar, avaliar e manipular indivíduos dentro dessas organizações tem uma abordagem diferente. Em termos gerais, um *insider* é qualquer pessoa que tenha acesso regular sem escolta à organização de destino, seja nas instalações físicas ou na rede de TI da organização. Isso inclui todos os funcionários, desde a recepcionista até o CEO. Além de funcionários, contratados e serviços terceirizados, como guardas de segurança, fornecedores de alimentos, pessoal de limpeza e descarte de lixo e técnicos de TI podem tornar-se *insiders*. Esses provedores de serviços contratados podem ser identificados por meio de pesquisas criativas do Google.

Nem todos os insiders em potencial precisam ser considerados - um pequeno grupo de indivíduos bem posicionados sobre os quais posso coletar dados úteis de avaliação é suficiente. Por exemplo, se uma organização tem 300 funcionários, é provável que eles tenham de cinco a dez alvos internos potenciais sobre os quais vale a pena minha consideração. Aprender sobre suas áreas de responsabilidade ajudará a avaliar seu acesso direto ou indireto às informações que procuro. Após a validação de seu provável acesso, vou querer aprender o máximo possível sobre eles para desenvolver uma avaliação do perfil de personalidade. Essa avaliação, que incluirá motivações e vulnerabilidades identificadas, será a chave para estruturar um plano para manipulá-las de forma eficaz.

Antes da abundância de recursos disponíveis na Internet, os oficiais de inteligência, de início, visavam aos internos como *insiders* em potencial, com poucas informações além de seu nome e cargo organizacional. Eu só poderia especular sobre seu acesso potencial e eu não tinha nenhum perfil de personalidade antes de abordá-los. Somente depois de uma série de encontros face a face, fui capaz de determinar seu acesso e obter informações de avaliação inestimáveis sobre eles. Esse processo levaria vários meses para ser realizado e, em alguns casos, o alvo pretendido, em última análise, não tinha o acesso desejado ou carecia de características de personalidade que os tornassem adequados à manipulação. Então, eu os largava e passava para outro *insider* em potencial - as opções eram muito limitadas.

Hoje, a Internet oferece aos oficiais de inteligência e criminosos uma enorme quantidade de recursos para realizar essa tarefa com maior eficiência e total anonimato. Se bem que seja comum e esperado que as organizações tenham informações públicas facilmente pesquisáveis *online*, encontrar detalhes íntimos sobre indivíduos pode ser mais difícil. No entanto, os perfis de mídia social tornaram-se essenciais para a coleta de informações sobre indivíduos que, de outra forma, seriam privados. Escondidos à vista de todos, os seguintes aspectos das redes sociais populares podem fornecer uma quantidade surpreendente de informações.

LinkedIn

Foto do perfil - usando imagens do Google ou tineye.com, posso identificar outros locais na Internet onde esta foto pode existir.

Título - indica como o alvo deseja promover-se na comunidade do LinkedIn.

Histórico Acadêmico - identifica os graus obtidos ou em andamento. Os indivíduos têm, normalmente, uma forte afinidade com sua *alma mater*, o que pode ser aproveitado ao fazer uma abordagem.

Histórico de empregos - ajuda-me a compreender a progressão da carreira e os objetivos, ao mesmo tempo que fornece uma descrição detalhada de suas responsabilidades na organização de destino, que dá pistas sobre seu acesso potencial. Ocasionalmente, esta seção também pode detalhar um emprego anterior em uma organização alvo em que o indivíduo ainda pode manter relacionamentos, facilitando o acesso indireto.

Certificações e licenças - identifica organizações profissionais em que mantêm, provavelmente, associações.

Publicações - revela áreas de interesse profissional e especialização; fornece tópicos que podem ser discutidos com o alvo durante o contato inicial.

Postagens - revela pessoas e questões importantes para elas. Frequentemente, os indivíduos que publicam "curtidas" na postagem de um alvo têm um relacionamento mais próximo com o alvo em comparação com a maioria das conexões identificadas.

Voluntariado - identifica causas pelas quais eles são apaixonados.

Influenciadores - identifica pessoas e qualidades que eles gostariam de imitar.

Conexões - revela o quão abertos ou fechados (reservados) eles podem ser para com alguém que se aproxima deles. As conexões identificadas podem ser usadas como referências ao destino ou o destino pode ser usado para fazer uma referência a outro destino de interesse.

Facebook

Descrição do perfil - geralmente inclui aniversário ou data real de nascimento, cidades atuais e anteriores onde moraram, universidades atuais ou frequentadas anteriormente, associações em organizações sociais, *status* de relacionamento e times esportivos favoritos, filmes, livros, gêneros musicais e artistas.

Imagens - incluem fotos do *insider* alvo em uma variedade de interações sociais, fotos da família e amigos do alvo e a identificação de sua rede de contatos cujas páginas do Facebook também podem ser exploradas. Essas fotos revelam, com frequência, o *status* socioeconômico, desejos materiais, *hobbies* e passatempos favoritos, comidas e restaurantes favoritos, bem como locais de viagens anteriores.

Postagens - as mesmas informações podem ser obtidas nas fotos, mas as postagens também incluem detalhes sobre eventos importantes para o alvo. É comum um alvo revelar planos como as próximas viagens e a participação em eventos. Por meio de fotos e postagens, os pais podem facilmente obter informações confidenciais sobre seus filhos, incluindo nomes, idades e identificação de suas escolas.

Às vezes, as pessoas me desafiam dizendo: "A maioria das pessoas usa configurações de privacidade!" Sério? Com base na minha experiência, descobri que a maioria das pessoas não maximiza o uso das configurações de privacidade. Além disso, mesmo se um alvo estiver usando configurações de privacidade, eu verifico, a seguir, as contas do cônjuge ou dos filhos - sempre há alguém que não tem configurações de privacidade fortes.

Twitter

Assim como aquele passarinho azul no logotipo, os alvos costumam adorar *tweet*ar. Eles nos dão, passo a passo, uma ação de onde estão, o que estão fazendo naquele momento e, até mesmo, aquilo em que estão pensando. Além de seus próprios comentários, aquele a quem decidem seguir também pode fornecer informações sobre seus interesses e opiniões. Os perfis do Twitter podem revelar informações sobre tendências políticas, ideologia, convicções religiosas e coisas que lhes agradam e os irritam - isso é bastante revelador.

YouTube

Pertencente ao Google, o YouTube é o maior repositório de vídeos disponível na Internet. Além de pesquisar tópicos de interesse, muitas pessoas enviam seus próprios vídeos ou estabelecem seus próprios canais. Esses canais são úteis para identificar tópicos de interesse do proprietário do canal e podem fornecer informações adicionais. Ao produzir seu próprio conteúdo, esses vídeos, de modo geral, revelam informações sobre sua casa ou escritório.

Instagram

Pertencente ao Facebook, o Instagram se tornou uma das redes sociais mais populares para o compartilhamento de fotos e vídeos curtos e é outra fonte de detalhes íntimos sobre a vida diária, círculo interno e interesses de um alvo.

Pinterest

O Pinterest se tornou um dos *sites* de mídia social mais importantes com foco em conteúdo visual. Quer sejam postados como *hobby,* quer para trabalho, as fotos e *links* que um alvo salva podem fornecer informações sobre suas paixões e também sobre interesses comerciais.

Tumblr

Tumblr é uma plataforma de *blog* social popular usada predominantemente por adolescentes e jovens adultos. Ele revela tópicos de interesse de um alvo, bem como a extensão de seu conhecimento ou preconceito sobre as questões.

Medium

Ao contrário do Tumblr, o Medium é uma plataforma de *blog* social usada predominantemente por adultos que são leitores e escritores.

Flickr

Um serviço de hospedagem de imagens e vídeos, além de uma comunidade *online*, popular entre fotógrafos amadores e profissionais.

Reddit

Este *site* de mídia social é uma plataforma extremamente popular para as pessoas fazerem perguntas, postar comentários e compartilhar *links* para vídeos, fotos e outros conteúdos relevantes ao assunto.

Tinder e outros aplicativos de namoro

É um aplicativo muito popular de namoro baseado em localização de pessoas em uma área específica. Os usuários podem configurar um breve perfil destacando sua foto, biografia e *links* em contas de mídia social, permitindo que qualquer pessoa combinada com eles aprenda mais anonimamente.

PeekYou

Embora não seja uma plataforma de mídia social, o PeekYou coleta conteúdo disperso de mídia social, *homepages,* plataformas de *blog* e fontes de notícias para apresentar identidades *online*. É muito útil ao tentar identificar todos os *sites* de mídia social usados por um alvo.

TinEye

TinEye e Google Images são duas ótimas ferramentas que podem identificar outros locais onde a mesma foto pode ser encontrada na Internet. Assim como o PeekYou, é uma ferramenta para identificar outros *sites* de mídia social usados por um alvo.

Costumo comparar a pesquisa nas redes sociais a uma lixeira. No mundo investigativo, mergulhar no lixo significa vasculhar fisicamente o lixo de alguém em casa ou no trabalho para coletar pistas ou evidências. Os criminosos também fazem isso. O que alguém poderia aprender sobre você se mexessem em seu lixo? Imagine despejar o conteúdo de seu lixo em uma mesa - você ficaria surpreso ao ver como esse lixo pode revelar onde você compra seus mantimentos, onde você pega sua comida, quais são suas preferências alimentares, de quais instituições de caridade você recebe correspondência ou quais revistas e jornais você assina. Também pode incluir extratos bancários reais ou, pelo menos, envelopes descartados, o que ajudará a identificar as instituições financeiras com as quais você se relaciona. As embalagens de comprimidos descartadas identificarão quais medicamentos você está tomando, as doses, o nome de sua farmácia e, ocasionalmente, o nome de seu médico. Isso é muita informação explorável.

Como os itens que podem ser descobertos na lixeira, há muitas informações extras e desnecessárias que as pessoas frequentemente colocam nas redes sociais. Os engenheiros sociais nem sempre sabem por que o alvo deseja divulgar todas essas informações para consumo público - talvez seja para aceitação social, vaidade ou competição. No entanto, os engenheiros sociais não se importam com o motivo. Eles apenas exploram isso com alegria.

Usando o Apêndice A, *Questionário de Avaliação Pessoal*, incentivo o leitor a rever seus próprios perfis de mídia social para verificar se as informações postadas o tornam potencialmente vulnerável a um engenheiro social.

*****

Com as informações coletadas de perfis de mídia social, os engenheiros sociais agora podem formular uma avaliação de perfil de personalidade, que se concentra nas motivações e vulnerabilidades que podem ser aproveitadas para a manipulação final do alvo.

Motivações são aquelas coisas pelas quais as pessoas são apaixonadas - coisas que tiram as pessoas da cama pela manhã para começar o dia. Os exemplos incluem o seguinte:

➢ Dinheiro (acumular dinheiro e também o que o dinheiro pode comprar)

> ➤ Família (cuidar do bem-estar dos pais, irmãos, filhos)
> ➤ Educação (educar-se e a seus filhos)
> ➤ Carreira (progredir na carreira)
> ➤ Casa ideal (desejar casa maior, mais agradável,em melhor bairro)
> ➤ Produtos de luxo (comprar carros esportivos, obras de arte, joias, outros símbolos de *status*)
> ➤ Desejos / vontades (planejar viagens, ter seu próprio negócio)
> ➤ Altruísmo (atuar no voluntariado, por uma causa, por filantropia, mentoria, *coaching*)
> ➤ Ideologia (tender ao capitalismo, socialismo, comunismo, extremismo)
> ➤ Religião (ter fortes convicções de fé)
> ➤ Política (ser conservador, liberal, partidário)

Enquanto as motivações sejam consideradas fatores positivos, as vulnerabilidades geralmente são consideradas fraquezas. No entanto, elas também podem ser aproveitadas por um engenheiro social ao manipular seu alvo. Isso pode incluir:

> ➤ Dinheiro (passar por extrema dificuldade financeira)
> ➤ Jogos de azar (ser dependente de jogos físicos ou *online* , que levam a dificuldades financeiras)
> ➤ Bebida em excesso (provocar problemas familiares / sociais/ de saúde, reduzindo as barreiras para a obtenção de informações)

- Dependência de drogas (desenvolver forte dependência química de substâncias ilegais ou controladas)
- Sexo (poder ser facilmente enganado; poder ser vítima de extorsão ou chantagem)
- Ganância (nunca conseguir acumular poder ou riqueza suficiente)
- Vingança (desejar vingar-se de alguém, como de seu supervisor ou organização)
- Ódio (vinculá-lo à vingança)
- Ciúme (cobiçar algo que outra pessoa tem, querer fazer melhor do que ela)
- Culpa (culpar-se por algo que fez ou deixou de fazer no passado)
- Ego (insistir em pôr à prova sua inteligência e capacidades)
- Baixa auto-estima (procurar alguém que possa ajudá-lo a levantar-se)

De longe, uma das vulnerabilidades mais comuns é a financeira. No momento em que este livro foi escrito, a pandemia COVID-19 redundou em severo estresse financeiro para muitas pessoas em escala global. Embora o alvo possa ter mantido o emprego, talvez outro membro da mesma família tenha perdido sua renda. A receita perdida pode ser muito perturbadora, levando a tensões e problemas nos relacionamentos. Também pode levar as pessoas a algumas das vulnerabilidades identificadas anteriormente, como jogos de azar, bebida, uso de drogas ou casos extraconjugais.

Vários serviços de inteligência, incluindo os russos, chineses e norte-coreanos, são conhecidos por alavancar vulnerabilidades ao tentar manipular alvos. Com frequência, eles orquestram eventos que levam o alvo a uma situação seriamente comprometedora. Isso pode incluir casos extraconjugais, com evidências fotográficas usadas para extorquir o alvo, ou a violação de alguma lei local passível de prisão. Nesses casos, é oferecida ao alvo a oportunidade de evitar essas consequências em troca de sua cooperação. Pode ser um estratagema bem-sucedido para uma operação de curto prazo, contudo não aumenta a confiança, apenas o medo e o ressentimento.

Descobri em minha carreira como oficial da CIA que alavancar motivações, em vez de vulnerabilidades, era muito mais eficaz. Os alvos foram mais receptivos quando perceberam o benefício pessoal da cooperação. Normalmente, quando o alvo exibia vulnerabilidades significativas, como ser muito mulherengo, consumir excesso de álcool, depender de drogas ou apresentar graves problemas financeiros, essas vulnerabilidades eram difíceis de controlar e podiam levar a sérios problemas de segurança.

Certa vez, recrutei um indivíduo que se tornaria fundamental na concepção e execução de uma operação de alto perfil. Sua cooperação foi predominantemente alavancada por severas dificuldades financeiras. Com assistência financeira medida com cuidado, ele se recuperou e foi capaz de levar nossos objetivos operacionais adiante com incrível sucesso. No entanto, ele tinha outras vulnerabilidades, incluindo consumo excessivo de álcool e ser mulherengo severo. Em uma ocasião, enquanto embriagado, ele bateu e destruiu seu carro, e eu tive de ajudá-lo a encontrar um substituto. Durante outra bebedeira, perdi contato total com ele. Ele reapareceu poucos momentos antes de sua participação na próxima fase crucial da operação, alegando ter perdido sua carteira e celular para um grupo de ladrões. No final das contas, apesar de uma operação muito bem-sucedida, as vulnerabilidades da fonte representaram riscos de segurança para a operação e realmente testaram minha paciência.

Depois de um engenheiro social formular um perfil de personalidade de seu alvo, levando em consideração as motivações e vulnerabilidades especiais, é hora de fazer contato.

.

Capítulo 4

Projetando um pretexto para uma abordagem

Peter Warmka

"A única arma de um vigarista é seu cérebro."
—Frank W. Abagnale, Catch Me If You Can

Depois de um engenheiro social reunir todos os dados úteis disponíveis sobre a organização alvo e identificar *insiders* plausíveis, ele precisa desenvolver o pretexto ou a história de cobertura para uma abordagem. Esse pretexto precisa ser lógico e atraente o suficiente para chamar a atenção do *insider*. Como os profissionais de vendas bem-sucedidos sabem, trata-se de identificar a dor do cliente em potencial e, em seguida, oferecer uma solução potencial a seu problema. Se a abordagem não parece beneficiá-los de forma alguma, eles normalmente não a acolherão.

Formular, de forma conceitual, esse pretexto e depois executar todo o plano foi o de que mais gostei durante minha carreira na CIA. Exigia estudo cuidadoso do alvo, criatividade na formulação da abordagem, uso de uma variedade de habilidades interpessoais, extrema flexibilidade e adaptabilidade contínua. Acima de tudo, essas operações me energizaram e frequentemente me deram uma descarga de adrenalina.

Assim como os criminosos não se apresentarão como fraudadores profissionais perante seus alvos, os oficiais de inteligência não revelarão sua verdadeira afiliação. Como resultado, é crucial que o pretexto para a abordagem inicial não tenha nada que ver com a coleta de informações. Ao longo de minha carreira como oficial de inteligência, assumi múltiplas

58

identidades e retratei várias profissões. Dependendo das circunstâncias, eu também poderia fingir ser de outra nacionalidade que não a americana. Isso exigiu modificar meu sotaque em inglês ou o uso de três línguas estrangeiras com as quais estou familiarizado.

Crucial para o sucesso de um pretexto é algum grau de cobertura de *backstopping*, ou criação da história de fundo. Não importa o quão forte seja o *backstopping*, oficiais de inteligência bem-sucedidos devem adequar-se ao perfil da pessoa que pretendem retratar. Se não o fizerem, sua cobertura será rapidamente comprometida. Um ditado comum durante nosso treinamento era: "Se você finge ser um pato, não pode agir como um peru. Você tem de andar, nadar e grasnar como um pato. "

A percepção do público em geral sobre trabalhar disfarçado é normalmente distorcida por Hollywood. Os filmes costumam mostrar policiais que se infiltram em redes de drogas ou outras redes criminosas com o objetivo de derrubá-los. Como parte do disfarce, os policiais mostram muito dinheiro, vestem roupas caras e dirigem carros esportivos com um arsenal de armas no porta-malas. Eles facilmente deixam o disfarce em reuniões específicas para retornar a suas vidas normais.

Para um oficial de inteligência, disfarçar-se não é uma aventura glamorosa de curto prazo. São necessários anos de treinamento, seguidos de anos de experiência prática e tempero. O treinamento inicial concentra-se em espionagem - como conduzir operações clandestinas sem ser descoberto. No entanto, igualmente importante, se não mais, é a capacidade do oficial de entender os requisitos operacionais e como melhor projetar e desenvolver sua cobertura para inserir-se de fato em círculos de indivíduos que podem ajudar a satisfazer os requisitos de coleta de inteligência. Para ser aceito e ter a confiança de tais indivíduos, o oficial de inteligência não pode exibir quaisquer características que levantem a suspeita de que ele não é quem afirma ser.

Um oficial de inteligência também deve observar as normas seguidas pelos indivíduos que trabalham na profissão que ele está pretendendo imitar. Além de manter um *status* econômico adequado, ele deve incluir uma legenda confiável sobre a progressão de sua carreira e sua competência em tópicos dentro da área. A menor discrepância pode levantar suspeitas.

O perigo para alguns oficiais é a crença complacente de que, se não foram seriamente questionados sobre sua história, ela não deve estar funcionando. Em muitos casos, as pessoas que podem suspeitar de que algo está estranho no indivíduo não os confrontarão diretamente. Contudo, eles vão conversar entre si, o que pode levar ao arquivamento de uma denúncia às autoridades locais. Uma vez que a jurisdição local tenha um interesse ativo nas atividades do oficial de inteligência, o castelo de cartas pode desmoronar rapidamente.

Embora, durante minha carreira, minhas atividades nunca tenham sido seriamente desafiadas, fiquei sabendo de colegas que, trabalhando no exterior, estavam comprometidos. Vários deles foram, por certo período detidos pelas autoridades e depois expulsos do país como *personae non gratae*. Outros foram presos e privados de sua liberdade por longos períodos de tempo. Ao longo da história da CIA, muitos oficiais morreram a serviço de seu país. Dentro da entrada da sede da CIA, há uma parede memorial que contém fileiras de estrelas. A inscrição acima das estrelas diz: "Em homenagem aos membros da Agência Central de Inteligência que deram suas vidas a serviço de seu país".

Conforme documentado no Livro de Honra de Ted Gup, várias dessas estrelas são atribuídas a oficiais secretos disfarçados que morreram em ação ou enquanto cumpriam penas de prisão perpétua em prisões estrangeiras.

Os oficiais de inteligência normalmente precisam viver sua cobertura 24 horas por dia durante meses prolongados, se não anos. Talvez o maior desafio desse estilo de vida seja a solidão. Enquanto vive em um mar de pessoas, muitas das quais podem ser consideradas amigos íntimos e conhecidos, o oficial nunca tem permissão para ser transparente. Eles sempre terão de esconder quem realmente são. Isso cria dificuldades no desenvolvimento de relacionamentos íntimos e pode servir como uma verdadeira barreira ao casamento. Os afortunados o suficiente para estabelecer uma família também colocarão o fardo do sigilo sobre seus entes queridos. Muitas vezes, o estresse do trabalho e o gerenciamento da teia de mentiras podem, com efeito, separar casais e famílias.

O Programa de Ilegais da Rússia é um excelente exemplo de como pode ser extremo o desenvolvimento da cobertura. Administrado pelo Serviço de Inteligência Estrangeiro Russo (conhecido por sua abreviatura russa, SVR), os candidatos são selecionados e isolados em uma idade muito jovem para se prepararem para serem imersos em um país estrangeiro específico e assumirem a identidade de um cidadão daquele país escolhido. Eles recebem um treinamento extensivo sobre a história, cultura e tradições de sua futura "pátria", bem como as sutilezas do idioma local. Ainda que se saiba que esses ilegais operam em vários países, o exemplo recente mais notável veio à tona nos Estados Unidos com a prisão, em 27 de junho de 2010, pelo FBI de dez agentes ilegais russos. Entre eles, estava Ana Chapman, que mais chamou a atenção da imprensa por seus atributos femininos fatais. Logo após as prisões, os agentes fizeram parte de uma troca de prisioneiros entre a Rússia e os EUA

Sem dúvida, uma das melhores representações de agentes ilegais geradas por Hollywood é a da série The Americans. Embora esse drama de seis temporadas reflita com precisão muitos dos desafios enfrentados pelos ilegais, o ritmo operacional retratado durante um período de 24 a 48 horas excede em muito o que a maioria dos oficiais de inteligência enfrentaria ao longo de várias semanas, se não meses.

*****

Na realidade, a maioria dos atores de ameaças não investirá tempo e esforço para desenvolver a mesma profundidade de cobertura buscada por verdadeiros profissionais de inteligência. Entretanto, ainda há uma série de fatores que eles precisam considerar ao projetar sua estratégia para garantir que seu pretexto de cobertura os ajudará a obter acesso a seu alvo, enquanto se defendem contra qualquer diligência superficial resultante de curiosidade ou suspeita.

Esse processo pode ser ilustrado pelo interesse de um grupo criminoso em violar a segurança da grande empresa de gestão de fortunas do sul da Flórida Petra Wealth Group (PWG). Digamos que a empresa criminosa busca descobrir as identidades dos principais clientes de alto patrimônio líquido da PWG. Além de seus nomes, é possível que os criminosos buscassem informações confidenciais adicionais, incluindo detalhes pessoais de sua família, participações comerciais, transações financeiras e informações de contas. Essas informações podem ser vendidas na *dark web* ou para atingir diretamente um ou mais clientes.

O grupo criminoso tentaria primeiro identificar quem dentro da PWG poderia ter acesso a essas informações. Apesar de suas discussões internas iniciais se concentrarem em atingir alguém dentro do departamento de TI da PWG, eles logo perceberam que esse *insider* talvez não tivesse acesso a nada mais do que dados transacionais, como números de contas, saldos de contas e transferências eletrônicas. Essa abordagem não revelaria os nomes dos titulares das contas, nem quaisquer informações específicas sobre suas vidas pessoais ou negócios. Foi finalmente concluído que tais detalhes são conhecidos apenas pelos gerentes de conta da PWG, que mantêm um arquivo separado em cada cliente, o qual detalha o histórico da conta. Conquanto indivíduos específicos possam ser designados para manter o relacionamento com seus próprios clientes, tais informações devem permanecer acessíveis a outros gerentes de contas no caso de eles precisarem atender o cliente na ausência do gerente de contas designado. Além disso, esses gerentes de contas também terão acesso a muitos dos mesmos relatórios transacionais gerados automaticamente pelo departamento de TI.

Agora que a categoria de *insider* alvo foi identificada, o grupo criminoso tentará identificar vários candidatos. Eles descobrem que a PWG tem seis gerentes de contas em tempo integral. Destes seis, o grupo foi capaz de obter informações substanciais sobre quatro deles por meio da revisão de seus perfis de mídia social, juntamente com outras pesquisas na Internet.

Eles identificam Javier Acosta como um candidato muito atraente. Ele ingressara na empresa havia três anos, após obter seu diploma de mestre em administração de empresas em uma universidade local. Ele parecia estar muito voltado para a carreira, tendo sido promovido de gerente assistente de contas a gerente sênior de contas no período de 18 meses. Ele também escreveu vários artigos curtos no LinkedIn, incluindo um em que afirmou que os gerentes de patrimônio precisavam aproveitar melhor as ferramentas tecnológicas para aprimorar o atendimento ao cliente.

O grupo criminoso finalmente decidiu tentar abordar Javier. Eles planejavam oferecer uma versão de teste de um novo programa de *software* que aumentaria a capacidade de um gerente de contas de identificar eventos significativos de mudança de vida de clientes, como casamentos, nascimentos de filhos e mortes de parentes próximos, e também marcos profissionais, como promoções ou prêmios recebidos. Além de destacar eventos que levariam o gerente de contas a entrar em contato e oferecer uma mensagem de parabéns, forneceria recomendações para a comercialização de produtos e serviços adicionais relacionados ao evento. Além disso, o *software* também ajudaria a identificar indivíduos intimamente ligados ao cliente por laços familiares, sociais ou comerciais, oferecendo um potencial considerável para revelar fortes indicações de mercado que poderiam alavancar referências potenciais de clientes atuais.

O grupo criminoso escolheu o membro da equipe Gary Johnson para essa abordagem direta em razão de sua experiência em desenvolvimento de *software*. Para diminuir o contragolpe em relação a Gary no caso de um acordo, eles decidiram que ele criaria e usaria um apelido nesse requisito específico.

Em preparação para essa tarefa, Gary precisaria desenvolver e memorizar sua lenda de pseudônimo pessoal. Ele veio com o seguinte:

Nome: Gary Sutherman

Nascido em: 18 de novembro de 1976, Chicago, Illinois

Estado Civil: Solteiro

Pais: John Sutherman e Cynthia (Prado) Sutherman

Irmãos: um irmão mais novo chamado Matt

Estudos Universitários: Bacharel em Artes Liberais e MBA pela University of Illinois at Champagne - Urbana

Empregadores anteriores: nomes de duas grandes empresas multinacionais

Empregador atual: Quest Innovative Solutions, LLC, sediada em Los Angeles

Cargo: Desenvolvimento de Negócios

Endereço residencial atual: Montclair Brentwood Apartments, 11965 Montana Ave, Unit 57, Los Angeles, CA 90049A

Gary decidiu usar seu primeiro nome verdadeiro, prática comum, visto que sempre há a possibilidade de encontrar alguém que o conheça. Todas as informações adicionais foram inventadas e relativamente fáceis para Gary lembrar e defender. Ao afirmar ter estudado e trabalhado em organizações muito grandes, ele tornou extremamente difícil para qualquer pessoa verificar isso. Usando o Google Earth, ele percorreu as áreas ao redor da Universidade de Illinois e sua residência ostensiva em Los Angeles para familiaridade básica, caso encontrasse alguém familiarizado com essas áreas. Com exceção da identidade de seu atual empregador, Quest, ele se sentiu confortável em defender o nível básico de cobertura sem qualquer necessidade de *backstopping*.

Gary passou aproximadamente dez horas construindo um *site* básico em nome da Quest. Ele configurou um endereço de *e-mai*l comercial em funcionamento e pagou em dinheiro por um telefone celular pré-pago não atribuível e com um código de área da grande área metropolitana de Los Angeles. Ele contratou um centro comercial local para estabelecer um escritório virtual de sua empresa, fornecendo a Gary um endereço comercial e número de telefone associado. Recepcionistas que trabalham no centro atendiam chamadas pelo número atribuído em nome da empresa de Gary e se ofereciam para receber mensagens dirigidas a ele.

Com a estrutura básica estabelecida, Gary devia agora realizar uma tarefa mais trabalhosa. Ele precisaria desenvolver um conhecimento de trabalho robusto da indústria de gestão de patrimônio, e os serviços que prestam a seus clientes. Era fundamental que ele parecesse legítimo durante seu encontro inicial com o alvo, o que requer o uso de terminologia da indústria e um alto nível de confiança. Gary, em estudo rápido, pôde obter a maior parte desse histórico do setor por meio de pesquisas pela Internet. Se o tempo permitisse, ele poderia até tentar participar de um evento do setor para obter uma noção de como os profissionais do setor se comportam - ele gostaria de imitar Javier tanto quanto possível.

Se Javier estivesse confortável com esse primeiro encontro, o alvo desavisado talvez fizesse pouco mais do que conduzir uma revisão superficial do *site* da Quest. Se Javier quisesse aprofundar-se, poderia tentar ligar para a empresa de Gary e sentir-se seguro quando a chamada fosse atendida em nome da empresa pela recepcionista que trabalhava no centro de serviços de negócios.

Depois de totalmente preparado, Gary procuraria uma maneira de se conectar com Javier. Em vez de tentar fazer uma chamada fria de *marketing*, o que corria o risco de ser cancelado, Gary tentaria casualmente encontrar seu alvo durante a reunião mensal da Private Wealth Management Association (PWMA). Gary observou que Javier era o atual tesoureiro do capítulo e presumiu que dele participava regularmente. Como o capítulo está sempre interessado em novos membros em potencial, Gary alegaria que um membro da PWMA da costa oeste recomendou que ele considerasse visitar um evento futuro. Ironicamente, a reunião do capítulo a que Gary planejava comparecer apresentava um palestrante convidado para discorrer sobre o tópico de proteção de riqueza contra fraude.

Depois que o palestrante fez sua apresentação e perto do final da reunião, Gary se aproximou e iniciou uma conversa com Javier. Eles conversaram por cerca de 15 minutos, então Gary se ofereceu para levar Javier para almoçar no dia seguinte. Ele queria explicar alguns dos produtos de *software* que sua empresa estava tentando comercializar na indústria e apreciaria muito o *insight* de Javier. À medida que a ideia foi etingindo profundamente o desejo de Javier de incorporar tais ferramentas tecnológicas, ele foi entendendo seu real significado, até acabar aceitando-a prontamente.

Durante o almoço, Gary construiu um relacionamento pessoal e profissional muito forte com Javier e explicou como vários clientes em potencial no setor estavam em processo de aquisição dos produtos de *software* de sua organização. Javier expressou grande interesse, mas informou que qualquer produto desse tipo exigiria uma revisão completa do departamento de TI de sua empresa antes que uma decisão pudesse ser tomada. Ele perguntou a Gary se uma demonstração poderia ser arranjada. Gary prontamente sugeriu uma opção intermediária - ele poderia dar a Javier um *pen drive* com um teste limitado de 10 dias para um único usuário. Javier poderia instalá-lo em seu próprio terminal e importar dados que iriam para até três clientes. Esse *software* se integraria totalmente com o navegador da Internet usado pela empresa, e ele seria capaz de ver os resultados por si mesmo. Se Javier estivesse satisfeito e acreditasse que sua empresa poderia beneficiar-se dessa ferramenta, Gary poderia, então, providenciar uma demonstração, enquanto Javier obteria o apoio de funcionários chave de sua empresa para fazer a compra.

Javier pegou o *pen drive* com entusiasmo e o inseriu no computador do escritório minutos depois de voltar ao trabalho. Embora o programa parecesse estar carregando, ele parou de forma consistente no meio da instalação. Um desapontado Javier mais tarde telefonou para Gary e deixou uma mensagem em seu celular, e nos próximos dias ficaria surpreso e intrigado por Gary nunca retornar sua ligação. Três dias após a tentativa de instalação, o grupo criminoso de Gary extraiu 1,3 *terabytes* de dados do empregador de Javier.

Capítulo 5

Alavancando a psicologia para a manipulação: fatores de confiança e influência

"A confiança é como a pressão arterial. É silenciosa, vital para uma boa saúde, e, se sofrer abuso, pode ser mortal. "
—**Frank Sonnenberg**, autor de *Follow Your Conscience*

"Quando se trata de controlar o ser humano, não existe instrumento melhor do que a mentira. Porque, veja, os humanos vivem de crenças. E as crenças podem ser manipuladas. "
—**Michael Ende**

A engenharia social, por definição, é a capacidade de manipular outro ser humano para realizar uma ação que pode não ser em seu benefício, mas serve para cumprir os objetivos do engenheiro social. Conforme observado nos capítulos anteriores, a coleta de informações sobre o indivíduo alvo ajuda a determinar quais motivações ou vulnerabilidades específicas desse indivíduo podem ser aproveitadas na abordagem. Os engenheiros sociais também tiram proveito de fatores psicológicos adicionais que tornam a maioria das pessoas suscetíveis à manipulação.

A confiança

O conceito de confiança é extremamente poderoso. A confiança existe desde o início da civilização e serve para unir as pessoas e formar sociedades. Até os primeiros homens das cavernas formavam pequenos grupos de pessoas que confiavam umas nas outras com o propósito de sobreviver. Confiar nos outros é considerado crucial para o bem-estar das pessoas - sem isso, a humanidade veria o colapso da ordem mundial e o caos absoluto. No entanto, o principal traço de caráter que torna os humanos muito vulneráveis às técnicas de engenharia social é a tendência de confiar cegamente em todos, mesmo em pessoas que eles não conhecem. Como descobri rapidamente em minha carreira, isso é especialmente verdadeiro na cultura americana.

Como muitos americanos, fui criado por meus pais para confiar em todos, até que uma pessoa me deu um motivo para não confiar. Infelizmente, tive de passar por várias experiências dolorosas para perceber que precisava controlar melhor minha confiança. Muitas dessas lições foram ensinadas no início de minha carreira empresarial, durante interações com executivos internacionais. Superficialmente, eles pareciam tão amigáveis e genuínos quanto qualquer outra pessoa. Mais tarde, depois que me 'queimei', aprendi que algumas pessoas em outras culturas só confiam nas pessoas de seu círculo íntimo, incluindo parentes e amigos íntimos. Qualquer outra pessoa era um jogo justo para tirar vantagem, e isso era considerado perfeitamente normal.

Embora a confiança seja frequentemente influenciada por fatores regionais e culturais, os americanos não precisam ir além de sua própria história para identificar vários fraudadores famosos que abusaram da confiança de suas vítimas para roubar grandes quantias de dinheiro. Um caso recente notório foi o de Bernie Madoff. Ele convenceu mais de 4.800 indivíduos ricos a lhe confiarem seu dinheiro para aplicá-lo em seu esquema Ponzi de investimento e, por fim, os fraudou em aproximadamente US $ 65 bilhões, até sua prisão em 2008. Esse esquema foi originalmente nomeado em homenagem a Charles Ponzi, que enganou os investidores em mais de US $ 20 milhões no início dos anos 1900. Uma de minhas histórias favoritas de fraudadores é a de Charles Parker, que conseguiu que investidores comprassem dele vários marcos famosos, incluindo a Ponte do Brooklyn. O esquema de Parker foi a origem da expressão "Se você acredita nisso, tenho uma ponte para vendê-lo!"

Como oficial de inteligência, descobri que conquistar e construir confiança era excepcionalmente fácil para mim. Ao iniciar o contato, eu tentaria alavancar a confiança pré-estabelecida que o alvo tinha provavelmente no indivíduo ou entidade a quem me estava associando. Quer sejam verdadeiras ou inventadas, eu frequentemente diria que essa pessoa ou organização de confiança recomendou fortemente que eu falasse com o alvo - como os vendedores sabem, as referências são muito poderosas. Mesmo que o alvo não perceba nenhum benefício pessoal em se encontrar com você, eles, em regra, atenderão a uma solicitação para não queimar nenhuma ponte em relação a quem os recomendou.

Alguns exemplos específicos ilustram como um engenheiro social pode estruturar e fornecer uma referência que parece vir da Associação de Profissionais de Inteligência Cibernética (ACIP) para seu membro, Susan Catherwood, Chefe de Operações da Dynamic Winds, LLC.

> ➤ Ligue para o ACIP e pergunte se eles podem fornecer informações de contato sobre um de seus membros que você está interessado em contratar. Você acredita que o nome da empresa é Dynamic Winds. A associação estaria provavelmente disposta a fornecer essas informações, visto que existe para servir e promover os negócios de seus membros.

> ➤ Telefone para Susan Catherwood e comente que durante uma conversa recente com o presidente da ACIP, Doug Frey, ele mencionou o nome da empresa dela.

> ➤ Telefone para Susan Catherwood e comente que ela foi recomendada pelo secretário do ACIP.

> ➤ Ligue para Susan Catherwood e comente que sua pesquisa *online* sobre o setor indicou que ela foi altamente recomendada como especialista em sua área. Na verdade, seu nome até apareceu há vários meses, quando conversava com um membro (não identificado) do ACIP.

A despeito de nenhuma dessas referências ser genuína, elas provavelmente seriam aceitas e facilitariam uma conversa com Susan. A menos que ela tenha ficado muito desconfiada do comportamento ou proposta do engenheiro social, é improvável que Susan tente verificar a referência. Ela confia automaticamente na explicação do engenheiro social sobre a origem da referência.

Conforme mencionado no Capítulo 2, os engenheiros sociais sempre identificarão as universidades nas quais os alvos potenciais se formaram. Muitas pessoas sentem forte vínculo com sua *alma mater*, e isso pode ser um ótimo estratagema para iniciar o contato.

Aproveitar pretextos bem formulados ou referências de partes confiáveis é ótimo para obter a reunião inicial com um alvo. Depois disso, o engenheiro social deve usar suas habilidades interpessoais para construir confiança adicional. Uma vez na presença do alvo, sempre foi importante para mim cumprimentá-los com um aperto de mão firme, um sorriso caloroso e contato visual direto periódico. Eu precisava conectar-me em um nível humano, aprendendo rapidamente sobre o que era importante para eles e, em seguida, relatando uma anedota pessoal, genuína ou artificial, que serviria para criar um vínculo comum e levar ao relacionamento. Achei que incorporar humor sempre foi benéfico, pois serviu para colocá-los à vontade e baixar a guarda. Ser capaz de falar em sua língua nativa e discutir eventos atuais de interesse sempre foi uma vantagem a mais.

Embora eu tenha passado um tempo considerável preparando e ensaiando meu pretexto de disfarce antes de um encontro inicial, isso nunca foi à prova de falhas. Dito isso, fiquei surpreso com a frequência com que as pessoas rejeitariam algo que poderia ter surgido durante nossa interação e que poderia ter questionado minha legitimidade. Talvez tenha sido a falta de conhecimento da terminologia específica do setor ou a incapacidade de responder adequadamente a uma questão colocada. Embora possa parecer estranho para o alvo quando isso ocorre, eles sempre o racionalizam como um pequeno pressentimento apenas de que algo não está certo. Em última análise, eles querem confiar em você e farão tudo o que puderem para justificar isso.

Os engenheiros sociais usam uma variedade de técnicas para explorar a confiança de suas vítimas e fingir ser outra pessoa que não eles próprios. Sem tentar verificar, essas vítimas aceitam prontamente o que veem, leem e ouvem. Só depois, eles lamentam que tenham sido enganados com tanta facilidade. Infelizmente, o preço a pagar por essa lição é na ordem de milhões de dólares em perdas financeiras para sua organização ou sua própria ruína financeira pessoal.

*****

A confiança quase sempre assenta bases para uma interação bem sucedida com um indivíduo alvo. Mas, além de alavancar a confiança, os engenheiros sociais profissionais também usarão a assintência das seguintes medidas de influência.

Simpatia

Como as vítimas são mais propensas a dar assistência a alguém que elas consideram agradável, o engenheiro social tentará desenvolver um relacionamento pessoal forte antes de fazer a solicitação. Essa abordagem pode começar na interação inicial por ser muito agradável, mantendo contato visual, sorrindo e talvez demonstrando que eles têm algo em comum, o que ajuda a formar um vínculo. Por exemplo, se eu vi no perfil de mídia social de um indivíduo ou num aplique do diploma em seu espaço de trabalho que ele foi para a Universidade de Wisconsin, posso fingir que visitei Wisconsin. Posso facilmente dizer que tive um resfriado extremo, que fui a um jogo do Green Bay Packers ou fui tomar cerveja e comer salsichas alemãs. Imediatamente desenvolvo um vínculo com essa pessoa.

Autoridade

As vítimas acedem, mais provavelmente, se acreditam que a solicitação provém de alguém com autoridade ou que o represente, tal como o chefe, o segurança do prédio, ou um cumprimento de uma ordem. As pessoas tendem a não questionar uma solicitação ou se ela é racional - elas sentem obrigação de atender de imediato, especialmente se acreditarem que o não cumprimento pode resultar em consequências negativas para elas. Por exemplo, se abordada por alguém vestido com um uniforme de segurança, a maioria das pessoas não questionará a legitimidade das instruções dirigidas a eles.

Reciprocidade

Depois que o engenheiro social conduz uma ação amável de pequeno ou baixo risco para o alvo, este, com frequência, retribui-lhe com ação amável semelhante. Um exemplo muito básico é manter aberto o primeiro conjunto de portas duplas para alguém que vem atrás de você. É quase certo que essa pessoa entrará e abrirá o segundo conjunto de portas para você passar.

Obrigação

As vítimas muitas vezes sentem um forte senso de obrigação de ajudar o engenheiro social depois de receber uma cortesia ou favor significativo. Exemplos disso podem incluir o engenheiro social que ajuda o indivíduo alvo a resolver um problema e, posteriormente, lhe pede um favor. Outros exemplos podem ser um sentimento de obrigação após ter sido levado para almoçar ou após receber um presente do engenheiro social.

Concessão

Aqui, o engenheiro social pedirá algo que a vítima inicialmente considera implausível cumprir. Em seguida, a vítima concordará em atender, mas parcialmente, ao pedido do engenheiro social. Esse tipo de interação pode ser tão simples quanto o exemplo a seguir:

Recepcionista: Senhor, deve-se agendar um horário para a autorização de passagem ao andar executivo.

Engenheiro social: Eu entendo. Voltarei depois de configurar um. No entanto, falei anteriormente com o Sr. Grim e mencionei que enviaria informações sobre o produto para a atenção dele. Eu entendo que ele partirá hoje para uma viagem prolongada. Eu realmente preciso passar essa informação para ele. Posso deixar isso com a assistente executiva dele? Entrarei e sairei em menos de cinco minutos. Você pode até ficar com minha carteira de motorista, se desejar.

Recepcionista: Ok, sem problemas. Você pode deixar sua carteira de motorista comigo.

Escassez

O engenheiro social pode pressionar a vítima para que tome uma decisão rápida, pois a janela de oportunidade para a vítima está prestes a se fechar. Essa tática é frequentemente usada em truques de vendas, como "enquanto durarem os estoques", "indo rápido" ou "apenas mais dois restantes". Como resultado, o alvo toma a decisão sem a oportunidade de obter mais informações para uma avaliação adequada.

Consenso ou prova social

O engenheiro social pode colocar pressão sobre o alvo, sugerindo que a recusa em ajudar será vista pelos outros como socialmente inaceitável. Muitos de nós já experimentamos isso pessoalmente em um caixa, quando nos pergunta em voz alta, na presença de outros clientes, se queremos contribuir para uma instituição de caridade específica. Você sente que todos estão esperando sua resposta e pode sentir-se, então, mais pressionado a contribuir do que quando recebe uma solicitação semelhante pelo correio.

Essas técnicas de influência podem ser usadas em uma variedade de situações, incluindo breves interações únicas com um alvo.

Capítulo 6

A arte da aliciação

"Tudo o que você diz deve ser verdade, mas nem tudo que é verdade deve ser dito."

—Voltaire

"O sábio tem orelhas compridas e língua curta."

—Proverb

Normalmente, existem três métodos diferentes de extrair informações de pessoas que são usadas em situações muito diferentes.

O primeiro método é o **interrogatório**, fazer perguntas diretas ao interrogado detido para extrair informações críticas. Em regra, isso é considerado uma abordagem muito hostil à extração de informações e pode incluir o uso de tortura ou privação de sono.

O segundo método é conhecido como **entrevista** ou interrogatório. O indivíduo que faz as perguntas está em posição de autoridade e faz perguntas específicas ao entrevistado sobre um tópico específico. Pode ser uma entrevista conduzida pelo diretor de segurança de vários funcionários após uma violação de segurança. Pode ser um interrogatório de uma fonte de inteligência por seu oficial de caso. Pode ser uma entrevista pelo RH de um candidato interessado em ocupar uma nova posição. Em tais situações, o entrevistado não é detido e compreende completamente o contexto do interrogatório.

O terceiro método, chamado de **aliciação**, é a aquisição de informações sobre uma pessoa sem revelar a real intenção da entrevista ou conversa casual. A aliciação é uma das ferramentas mais importantes usadas por engenheiros sociais que tentam violar a segurança porque eles podem controlar a conversa e fazer com que o alvo fale enquanto escuta de fato. O engenheiro social pode obter informações quando, por exemplo, esbarra no alvo, que está em seu café local favorito; ou sentado ao lado dele no avião; ou vendo-o em uma feira do setor. A aliciação não é conduzida apenas durante encontros face a face, mas também é usada por engenheiros sociais em várias plataformas de comunicação *online* e também por telefone.

Como oficial de inteligência, recebi amplo treinamento em técnicas de aliciação que usei ao longo de minha carreira na CIA. Que informação eu estava procurando? As mesmas informações que outros oficiais de inteligência e criminosos tendem a buscar - podem ser informações sobre a organização alvo, que não estão prontamente disponíveis e me ajudariam a chegar mais perto de meu objetivo de violar sua segurança. Pode ser a identificação dos principais *insiders* da organização que têm acesso às informações que eu queria roubar, ou podem ser informações que me ajudaram a entender as vulnerabilidades de segurança das operações dessa organização. Em muitos casos, incluía informações confidenciais ou proprietárias específicas que os funcionários não estavam autorizados a divulgar.

83

Existem várias técnicas de aliciação bem-sucedidas que usei com mais frequência em minha carreira. Lembre-se de que qualquer pessoa pode ter essas abordagens usadas contra ela - especialmente se for abordada por alguém com quem ainda não tenha um relacionamento.

O questionamento fechado *versus* aberto

As perguntas fechadas são aquelas que, quase sempe, buscam uma resposta muito curta, como um "sim" ou "não":

Aliciador: Sua posição atual exige que você viaje para o exterior?
Alvo: Sim, eu viajo periodicamente a trabalho.

As perguntas abertas são feitas para obter respostas que vão além de algumas palavras curtas. Elas exigirão que o alvo entre em detalhes:

Aliciador: Quais você considera seus lugares favoritos e menos favoritos no exterior para onde você teve de viajar a trabalho?
Alvo: Meu favorito é viajar para a Turquia. Eu amo a comida e o povo turco. Também me permite praticar meu turco. O de que menos gosto são as viagens à China. Demoram muito. Infelizmente, não falo chinês e nunca tive oportunidade de fazer turismo lá. Passo todo o meu tempo em reuniões ou no hotel.

A lisonja

Todo mundo gosta de ser elogiado, seja por suas vestes, aparência, sucesso profissional ou família:

Aliciador: Nossa, você parece ter progredido muito bem em sua posição e pode servir de grande inspiração para quem está começando na profissão. Quais você considera seus principais segredos para o sucesso?

Alvo: Oh, você é tão gentil. Gostaria de atribuir tudo a meus próprios esforços. No entanto, tive muita sorte de trabalhar vários anos sob a tutela do Sr. Brian Williams antes de ele se mudar para a General Electric como CEO. Ele é brilhante.

A exploração do instinto para reclamar

Todo mundo acumula frustrações, seja com seus colegas de trabalho, chefes ou outras pessoas importantes. Poderão ir diretamente ao chefe e lhe dizer quão idiota ele é. Eles, porém, darão as boas-vindas a qualquer libertação. Se investigados, eles poderão compartilharar suas frustrações com uma pessoa em quem confia, pois crê que ela não revelará seus comentários.

Aliciador: Quais são alguns dos desafios frustrantes que você enfrenta ao trabalhar com sua alta administração?

Alvo: Geralmente me dou bem com todos, exceto com minha supervisora direta. Ela parece receber crédito pessoal por qualquer sucesso de nossa unidade, mas transfere para seus subordinados a culpa por quaisquer falhas. Estou meio cansado de ter de mantê-la nessa situação.

A repetição de palavras

Ao repetir a palavra ou frase ditas pelo alvo específico, o aliciador poderá criar a necessidade de o alvo fornecer mais detalhes.

Alvo: No ano passado, nossas vendas caíram 54%.

Aliciador: Queda de 54%?

Alvo: Sim, isso é muito incomum após seis anos consecutivos de forte crescimento. É atribuível ao lançamento de um produto semelhante pela empresa chinesa Huawei.

A citação de fatos noticiados

Aqui, o aliciador baseia-se em algo que já foi noticiado pela imprensa.

Aliciador: Li no "Wall Street Journal" que vários dos maiores bancos dos EUA estavam tendo dificuldade em cumprir os novos requisitos de relatórios do Tesouro dos EUA, porque identificaram contas *offshore* mantidas em nome de seus clientes.

Alvo: sim. Como você pode imaginar, a confidencialidade para nossos clientes é um assunto delicado. Se não pudermos garantir a confidencialidade, alguns dos clientes procurarão outras instituições, que tendem a contornar esses requisitos.

A *naïveté*

Quando o aliciador expressa falta de compreensão sobre algo que experimentou ou aprendeu, isso incentiva o alvo a ser útil como um mentor do aliciador sobre o assunto.

Aliciador: Eu simplesmente não entendo como as decisões de política comercial - como o aumento de tarifas sobre produtos chineses importados -, ajudarão sua empresa a aumentar as vendas no mercado interno.

Alvo: Atualmente, nossos concorrentes mais próximos são da China devido a seus custos de mão de obra muito baixos. Um aumento de 25% nas tarifas forçaria esses concorrentes a reduzir suas margens de lucro ou aumentar seus preços locais.

A crítica

Aqui, o aliciador vai criticar algo sobre o qual o alvo tem uma opinião. Isso permite que o alvo compartilhe uma mesma crítica ou forneça sua própria visão, que pode servir como *insight*.

Aliciador: As extensas atividades de pesquisa e desenvolvimento da empresa em veículos automotores são um desperdício absoluto de recursos. Isso nunca terá êxito.

Alvo: Na verdade, eles realizaram muitas pesquisas sobre esse assunto. Os resultados da pesquisa tendem a indicar que a maioria das pessoas, especialmente aquelas com idade entre 18 e 35 anos, admite que estaria aberta para usar essa tecnologia, desde que determinados padrões de segurança sejam atendidos.

O fingimento ou descrença real

Embora seja algo semelhante à citação de fatos relatados, aqui o aliciador expressará consternação ou discrição no que se refere a serem verdadeiras as informações relatadas, na tentativa de fazer com que o alvo confirme que elas são verdadeiras e explique por que o são.

Aliciador: Não há como ser lucrativa a mais recente aquisição da Aliança Tecnologias pela empresa.

Alvo: Na verdade, não parece lucrativa se olharmos apenas para os balanços. No entanto, o verdadeiro objetivo é eliminar um dos maiores competidores de nosso mercado. Assim, poderemos melhorar nossas margens de lucro, nossos preços e, ao mesmo tempo, muitos de nossos custos de produção, distribuição e *marketing*.

A declaração propositadamente errônea

O aliciador fará uma declaração falsa e a atribuirá a algo que ele pode ter ouvido ou lido, e o alvo geralmente preferirá a oportunidade para esclarecer as coisas.

Aliciador: Ouvi um comentarista de notícias ontem que a United Airlines estava passando por sérias dificuldades financeiras e estava em processo de falência.

Alvo: Você deve ter ouvido algo errado. Isso é impossível. A United é muito saudável financeiramente. Na verdade, eles acabaram de fazer um pedido na semana passada de mais 35 aeronaves da Boeing.

A marca pessoal no diálogo

Essa abordagem é excepcionalmente útil ao tentar obter informações básicas de alguém que o aliciador acabou de conhecer.

Aliciador: Mal posso esperar para voltar para casa. Já perdi os dois últimos jogos de futebol de meu filho e o recital de piano de minha filha. E você tem filhos?

Alvo: Sim, tenho dois meninos e uma menina.

Aliciador: Crianças! elas são ótimas! Quantos anos eles têm?

"Meu amigo John"

Aqui, o aliciador inventará uma história que atribuirá a um amigo ou parente, supostamente autores do comentário.

Aliciador: Meu cunhado, John, trabalha como pesquisador para as Indústrias de Defesa Magnum. Ele diz que sua empresa adotou recentemente muitas políticas invasivas que afetam seus funcionários. Eles devem receber autorização antes de viajar para o exterior e relatar todos os seus contatos no exterior. Eles também estão sujeitos a revistas aleatórias em suas pastas e bolsas. Isso é normal em seu setor?

Alvo: Varia de empresa para empresa. Não exigimos que os funcionários obtenham aprovação antes da viagem, mas eles devem apresentar, ao reornar, um relatório que inclui menção a quaisquer contatos com os quais planejam ter um relacionamento sustentado.

$$*****$$

Existem considerações adicionais a engenheiros sociais em relação à aliciação e ao uso dessas técnicas. Em primeiro lugar, embora seja muito eficaz, nenhuma técnica deve ser usada em demasia. É melhor que o aliciador faça uso de uma mistura de técnicas durante uma conversa para evitar qualquer suspeita do alvo.

Antes de cada encontro planejado com um alvo, eu mapeava os objetivos de minha conversa, o que incluía cinco ou seis pontos específicos sobre os quais eu gostaria de reunir informações acerca do indivíduo ou de sua organização. Em cada um dos pontos, examinei que técnica de aliciação específica poderia usar para apresentar o tópico. Em seguida, considerei como poderia gerenciar um fluxo lógico da conversa geral para cobrir todos os pontos. Nunca parava de me surpreender como era fácil obter informações muito confidenciais de pessoas que mal me conheciam.

Oportunidades aprimoradas para a aliciação podem ser aproveitadas ao conversar com o alvo em uma variedade de locais, desde seu escritório ou residência, até outros locais distantes de qualquer um de nós. No caso do escritório e da residência, os alvos contam com artefatos em exibição, que apresentam uma visão do que é importante para eles, ao mesmo tempo que oferecem um pretexto conveniente para fazer uma pergunta. No escritório, o alvo disporá, provavelmente, de fotos de seus filhos, assim também de realizações emolduradas, como diplomas universitários, certificações profissionais e outros reconhecimentos. O aliciador também pode experimentar como esse indivíduo interage com seu chefe ou equipe.

Na residência, o aliciador pode experimentar as interações do alvo com seu cônjuge e filhos. Ele será capaz de avaliar o *status* social do alvo, bem como identificar *hobbies* e outros interesses.

Em um terceiro local, distante da casa e do escritório - especialmente em ambientes mais sociais -, o alvo pode estar muito mais relaxado e falar sobre seus sentimentos em relação a sua situação profissional e familiar. E, claro, quanto mais álcool consumido, mais falantes eles podem tornar-se.

Um fator determinante sobre se um alvo compartilhará informações confidenciais durante uma aliciação é se eles consideram ou não as informações como realmente protegidas. A assinatura de acordos de sigilo e marcação clara de informações, como informações confidenciais restritas, é provável que venham a repercutir e impedir que os alvos as revelem. Não obstante, se a organização não dispuser de um sistema para classificar as informações, o funcionário pode não apreciar o verdadeiro valor da informação dada a um adversário.

Capítulo 7

Canais para a manipulação:

a arte do *phishing* e do *smishing*

"Se você acredita em tudo que lê, é melhor não ler."

—Japanese Proverb

O extenso trabalho realizado para selecionar uma entidade alvo, coletar inteligência de código aberto sobre essa entidade, identificar potenciais internos e estabelecer contato com eles é, apenas, uma parte do esquema de um engenheiro social. Agora que ele construiu um perfil de avaliação ou até mesmo ganhou a confiança do alvo, é hora de usar vários canais de comunicação para manipulá-los com eficácia.

Esses canais são mais bem categorizados nas quatro abordagens a seguir: *e-mail* (*phishing*), mensagens de texto SMS (*smishing)*, chamada de voz (*vishing*) e os bons e antigos encontros face a face. O *phishing* e o *smishing*, as ferramentas de manipulação digital mais comuns, exigem uma abordagem semelhante, cuidadosamente elaborada, porém passiva. O v*ishing* e encontros face a face serão discutidos no Capítulo 8.

O phishing

De acordo com especialistas em segurança cibernética, o *phishing* de *e-mail* é atualmente o canal mais comum usado por engenheiros sociais para violar a segurança. Um invasor envia um *e-mail* às vítimas pretendidas com um *link* anexo que o destinatário é incentivado a abrir. Clicar no *link* pode levar ao *download* do código malicioso ou solicitar que o destinatário divulgue informações de *login*, como nomes de usuário, senhas, códigos

PIN, números de conta ou outros dados confidenciais. Da mesma forma, a abertura do anexo pode liberar o *malware* no computador. O *phisher* típico cria um *e-mail* que pode ser enviado a milhares de vítimas em potencial. O *e-mail* parecerá ter vindo de uma instituição com a qual a maioria dos membros do público já pode ter um relacionamento.

Uma abordagem comum para o *phishing* envolve um alerta de *e-mail* de uma instituição financeira como o Bank of America. Como uma grande porcentagem da população tem conta no Bank of America, a maioria dos destinatários anotará um *e-mail* que parece ter vindo desse banco. Normalmente, esse *e-mail* fará um alerta sobre atividade suspeita na conta do destinatário, alegando que a conta está congelada até que a transação possa ser verificada. O *e-mail* conterá um *link* para o destinatário clicar e fazer *login* diretamente em sua conta. Assim que o destinatário preencher os campos de nome de usuário, senha e informações de segurança adicionais, como número da conta, data de nascimento ou número do seguro social, o *phisher* terá todas as informações de que precisa para assumir imediatamente a conta da vítima.

Basear um *e-mail* de *phishing* no comércio eletrônico é outra tática comum. Quase todo mundo já fez compras na Amazon em algum momento, então o *phisher* envia um *e-mail* abrangente com a confirmação do processamento e envio de um pedido. O *e-mail* contém um anexo em PDF com todos os detalhes. Se e quando o destinatário clicar no *link* para abrir o anexo, um código malicioso será introduzido no computador.

Outra tática comum é disfarçar-se de um serviço *online* popular, como o Netflix. *O phisher* envia um *e-mail* que parece vir do Netflix informando que o pagamento feito com o cartão de crédito registrado na conta foi recusado. O *e-mail* contém um *link* para atualizar as informações de pagamento e requer a entrada do nome completo do usuário, número do cartão de crédito, data de validade e código de segurança. Mais uma vez, o *phisher* tem tudo de que precisa para comprometer o cartão de crédito.

Além desses exemplos tradicionais, o engenheiro social também aproveitará os eventos recentes que estão cativando o público em geral. No momento em que este livro foi escrito, o mundo estava sentindo medo e pânico em relação à disseminação da COVID-19. Houve muitos casos de *e-mails* de *phishing* enviados por organizações criminosas aproveitando a crise, visando a destinatários ansiosos e desavisados e alegando fornecer informações atualizadas. Cada um desses *e-mails* forneceu alguns parágrafos introdutórios junto com um *link* para informações adicionais. Infelizmente, muitas pessoas foram vítimas ao clicar em tais *links*.

O spear phishing

Ocasionalmente, encontro pessoas que comentam que não são tão ingênuas a ponto de cair nesses truques do mercado de massa. Ao parabenizá-las por sua higiene básica de *e-mail*, alerto-as de que os *e-mails* de *phishing* nem sempre são tão básicos. Na verdade, o engenheiro social profissional que busca violar um alvo de alto valor geralmente implanta a metodologia de *spear phishing*.

Em comparação com o *phishing* básico, que é como lançar redes de todos os lados do barco e apostar na possibilidade de vários peixes serem capturados, a "lança" cuidadosamente elaborada é arremessada com precisão excepcional, quase garantindo que o alvo pretendido seja vítima. Por que é tão preciso? O *e-mail* foi criado com base no perfil de avaliação de personalidade do alvo e em dados da mídia social *online*. O investimento em tempo gasto para pesquisar o alvo e projetar essa abordagem é minúsculo quando os criminosos estão tentando obter milhares, se não milhões, de dólares com a violação. Os ataques de *spear phishing* estão-se tornando cada vez mais comuns em diversos setores.

Para ilustrar esta abordagem, digamos que alguns criminosos decidiram violar a Diamond Utility Corporation (DUC) para obter dados sobre seus clientes. Após um estudo cuidadoso, eles decidiram ter como alvo Randy Wilton, que é analista de dados sênior da DUC. Ao coletar dados para seu perfil de avaliação de personalidade, eles descobrem que Randy tem paixão por colecionar selos, moedas e documentos raros. Com base nessa avaliação, eles enviam a ele um *e-mail* que anuncia o próximo leilão de uma cópia autêntica da Declaração de

Independência. Embora 200 tenham sido impressas em 4 de julho de 1776, apenas 26 cópias sobrevivem hoje.

A reação automática de Randy será clicar nesse *link,* sem pensar que pode ser uma tentativa de *phishing.* Assim que ele clica no *link,* o grupo criminoso compromete seu computador e, eventualmente, toda a rede de sua empresa. Depois de roubar dados de clientes, os criminosos buscam um bônus com a instalação do *ransomware,* e, de fato, desligam o fornecimento de energia para esses clientes até que a DUC pague o resgate de $ 3,1 milhões solicitado.

Outro exemplo seria se um serviço de inteligência estrangeiro estivesse procurando uma maneira de violar a segurança do Departamento de Defesa dos EUA (DOD). Eles avaliariam que ter como meta uma nova instalação do DOD de última geração, sendo construída nos próximos 18 meses, poderia dar-lhes uma oportunidade. Embora penetrar diretamente nessa instalação seja quase impossível, eles decidem examinar várias das empresas terceirizadas contratadas para a fazer a instalação.. Eles identificam a Kline Engineering Consultancy Services (KECS) como um alvo potencial. Dentro da KECS, eles identificam o CEO William Kline como seu alvo prioritário, e informações consideráveis sobre o CEO são coletadas de contas de mídia social e de outras fontes *online.* A avaliação de seu perfil de personalidade revela que uma de suas principais paixões é velejar - ele costuma postar fotos e comentários destacando passeios com família e amigos em seu veleiro de 250 pés. Em mais de uma ocasião, ele comentou que um de seus sonhos é um dia navegar pelo Mediterrâneo.

O serviço de inteligência decide criar um *e-mail* que parece vir de seu clube náutico local. O *e-mail* anuncia uma próxima excursão a vela ao Mediterrâneo com disponibilidade limitada, e os anexos contêm informações adicionais, como preços e formulários de registro. Embora tenha recebido treinamento básico de alerta de *phishing*, William imediatamente baixa, a seguir, os anexos para obter mais informações. Além de acreditar que pode confiar em um *e-mail* que parece ter vindo de seu clube náutico local, ele não quer perder a oportunidade de realizar seu sonho de toda a vida. Como resultado, o *laptop* de William é imediatamente comprometido com o *malware*. Além de armazenar informações confidenciais no *laptop*, William também o usa para acessar o servidor de sua empresa. O serviço de inteligência estrangeira está agora a um passo de alcançar seu objetivo de violar as novas instalações da DOD.

Outra variação de um *e-mail* de *spear phishing* seria a criação de uma conta fictícia do LinkedIn pelo engenheiro social para envolver um alvo, Robert Franklin, gerente de projeto sênior da Allied Health Network (AHN). Em seu perfil no LinkedIn, os criminosos descobriram que Robert é um membro da Maçonaria. Dada a natureza fraterna dos maçons, eles avaliam que Robert aceitará provavelmente um convite para se conectar vindo de alguém que afirma ser um companheiro. Depois de se conectar e trocar algumas mensagens, o engenheiro social envia um *e-mail* para Robert com um anexo e pede que ele abra e analise o anexo. Robert abre o anexo com confiança, liberando o *malware* e infectando o AHN com o *ransomware*. Como a AHN não pode dar –se ao luxo de atrasar o acesso aos registros dos pacientes e deseja evitar qualquer revés a sua reputação pública, ela concorda em pagar $ 6,5 milhões em *bitcoin* para proteger o código de descriptografia.

Ocasionalmente, encontro alguém que me diz: "Não, a maioria das pessoas não aceita convites no LinkedIn de pessoas que não conhecem". Com base em minha própria experiência com o LinkedIn, eu argumentaria fortemente que a maioria das pessoas aceita esses convites. Frequentemente, eles nem se dão ao trabalho de rever o perfil do solicitante no LinkedIn - eles estão, apenas, interessados em expandir os números em sua rede. Além disso, se um engenheiro social profissional estiver preocupado com a possibilidade de o alvo não aceitar tal pedido, ele pode primeiro convidar pessoas da rede do alvo para se conectar antes de estender o convite. Essas conexões incluem colegas de trabalho, colegas da indústria ou membros da mesma organização profissional. Assim que o alvo perceber que várias pessoas de sua própria rede já estão conectadas a esse titular de conta fictício, ele aceitará provavelmente.

O LinkedIn não é a única plataforma de mídia social que pode ser usada para realizar um ataque de *spear phishing*. Praticamente qualquer plataforma que permite aos usuários enviar e receber mensagens privadas pode ser aproveitada para fornecer links ou anexos maliciosos. Isso inclui Facebook, Instagram, WhatsApp, Twitter e WeChat, apenas para citar alguns. Devido ao uso e à confiança cada vez maiores do público em geral nas redes de mídia social, junto com a facilidade na criação de perfis falsos para o anonimato, essas plataformas substituirão provavelmente o *e-mail* como o canal de escolha para engenheiros sociais profissionais.

O smishing

No início de 2002, quando eu morava na França, fiquei surpreso com a popularidade das mensagens de texto na Europa Ocidental. Ainda que não fosse tão comum nos EUA naquela época, levou apenas mais alguns anos até que, por fim, se tornou um dos principais meios de comunicação na América. Em alguns casos, é, ainda, a forma mais eficaz de comunicação do que o *e-mail* tradicional. As pessoas recebem dezenas, se não centenas de *e-mails* em um determinado dia. Incapazes de ler todos, eles normalmente lerão as linhas do título antes de decidir ler, ignorar ou excluir. As mensagens de texto, no entanto, parecem receber muito mais atenção. Além de receber menos, muitas pessoas terão alertas ativados para mensagens de texto recebidas. Como resultado, eles poderão examinar mais de perto o conteúdo de cada mensagem de texto recebida. As empresas de *marketing* incorporaram, há pouco, o uso de mensagens de texto, percebendo que elas têm uma taxa de cliques muito mais alta do que os *e-mails* padrão. Os engenheiros sociais, também percebendo essa tendência, agora incorporaram o *smishing* em seu *kit* de ferramentas.

No contexto da engenharia social, o *smishing* é, na verdade, muito semelhante ao *phishing*. O engenheiro social, entretanto, enviará um link ou arquivo de documento por mensagem de texto em vez de usar um *e-mail*. O resultado é o mesmo. Depois que o link é clicado ou o arquivo do documento é aberto, o invasor já violou a segurança desse dispositivo móvel. *Smishing* é o nome das mensagens SMS utilizadas para realizar o esquema.

Digamos que um grupo criminoso conseguiu comprar na *dark web* uma lista telefônica digital de funcionários para a Maximus Worldwide Travel Services (MWTS). Eles desenvolvem e enviam a vários funcionários, durante um fim de semana com feriado de três dias, uma mensagem de texto que parece vir do departamento de RH da MWTS. Ele informa que há um problema técnico em potencial em relação à folha de pagamento futura, e os destinatários são instruídos a abrir imediatamente o anexo, que fornecerá informações sobre o que eles precisam fazer para evitar uma interrupção em seu pagamento. Jogando com a emoção e o senso de urgência para evitar atrasos no pagamento, a maioria dos destinatários abre imediatamente o anexo. Ao fazer isso, eles comprometem seus dispositivos móveis fornecidos pela empresa, que também são usados para acessar os servidores MWTS. Como o ataque aconteceu em um fim de semana com feriado, isso levará várias horas até que o gerenciamento do MWTS perceba que pode haver um comprometimento.

O *smishing* é bastante eficaz contra pessoas que usam seus dispositivos móveis para conduzir a maior parte de suas comunicações do dia a dia. Rebecca Miller é proprietária de uma das maiores imobiliárias do sul da Flórida e está constantemente lidando com clientes estabelecidos e sempre recebe referências deles. Depois de realizar pesquisas mínimas, o engenheiro social obtém facilmente seu número de telefone celular e os nomes de vários ex-clientes. Ele, então, cria uma mensagem de texto falsa afirmando que foi encaminhada a Rebecca por um de seus clientes. A mensagem de texto inclui um documento do Word que identifica uma lista de interesse. Rebecca baixa esse documento e jamais percebe que ele continha o *malware,* o que permite que o engenheiro social obtenha acesso ao banco de dados de sua empresa. O prêmio é uma informação sobre as transações financeiras dos clientes nos últimos 10 anos.

O *phishing* e *smishing* são ferramentas de comunicação passivas enviadas pelo engenheiro social às vítimas pretendidas com o objetivo de induzi-las a realizar a ação simples de clicar em um *link* ou abrir um anexo que baixará o *malware*. Além de comprometer o computador ou o dispositivo móvel da vítima, essas ferramentas podem comprometer toda uma rede.

.

Capítulo 8

Canais para a manipulação: a arte do *vishing* e os encontros face a face

"Só vemos o que queremos ver; nós apenas ouvimos o que queremos ouvir. Nosso sistema de crenças é como um espelho que só nos mostra aquilo em que acreditamos. "

—Don Miguel Ruiz

Vishing

Comparado à atividade do *phishing* e *smishing*, consideradas comunicação passiva, o *vishing* é uma técnica de engenharia social ativa e dinâmica que usa o telefone para interagir diretamente com o alvo. Embora o *vishing* raramente resulte em uma violação de segurança, ele pode desempenhar um papel importante e, às vezes, crucial, na execução de tentativas de violação de segurança mais elaboradas.

O objetivo da chamada pode ser induzir a vítima a divulgar informações confidenciais, como processos ou procedimentos internos, ou pode ser conduzi-la a persuadir a vítima a realizar uma ação específica, como a modificação de suas configurações de conta ou a criação de passes de acesso.

Pense no *vishing* como fazer uma ligação de pretexto. Para atingir o objetivo, o engenheiro social deve convencer o destinatário de que se é quem se finge ser. Para aumentar a credibilidade, o engenheiro social, muitas vezes, falsifica a chamada - usando tecnologia simples para manipular o identificador de chamadas visto pelo destinatário. Usando o *spoofing*, pode-se assumir uma série de funções ao ligar para um alvo, como um colega de trabalho localizado em outra instalação, alguém do suporte técnico, o consultor de investimentos do alvo ou alguém da escola que os filhos do alvo frequentam.

O v*ishing* pode assumir muitas formas. Por exemplo: um grupo criminoso está tentando roubar dados de clientes da Quantum Entertainment (QE), fornecedora líder de conteúdo de mídia *online*. Ao avaliar vários *insiders* em potencial, ele nota uma atualização no perfil de Christine Belasco no LinkedIn, onde, há pouco, começou como recepcionista na QE. Avaliando que Christine ainda não está familiarizada com as políticas e procedimentos de QE e, talvez, isolada dos colegas de trabalho, ele decide usar uma abordagem com o *vishing*. Nesse caso, o engenheiro social finge ser o Tom da equipe de suporte de TI e falsifica o identificador de chamadas para que pareça provir desse departamento. Tom dá as boas-vindas a Christine por sua chegada à empresa e a incentiva a entrar em contato com o departamento de TI em caso de dúvidas ou assistência, conforme necessário. Ele, então, avisa que uma anomalia foi detectada em seu perfil de usuário, o que acabará resultando em um travamento. Tom se oferece para ajudar Christine a reconstruir o perfil do usuário conforme sua conveniência. Christine, temendo que um acidente pudesse afetar negativamente seu desempenho nesse novo emprego, de imediato aceita a oferta de Tom. Tom envia a ela um *e-mail* com um *link* para autorizar o acesso de *login* à conta dela. Enquanto mantém Christine distraída ao telefone, Tom usa esse acesso para criar uma porta dos fundos para a rede, que será explorada posteriormente por sua equipe. Após a conclusão da ligação de 15 minutos, Christine expressa sua gratidão a Tom por ajuda-la a prevenir o que lhe poderia ter sido um desastre sério, sem perceber que ela havia facilitado uma violação que resultará em consequências devastadoras para o QE.

As tentativas do *vishing* podem tornar-se bastante complexas se o engenheiro social tiver acesso a informações sobre vários alvos dentro de uma organização. Considere-se um grupo criminoso que está interessado em violar a segurança da Global Health Foundation (GHF) para obter informações sobre mais de 140.000 doadores ricos que contribuem com uma parte significativa de seu orçamento anual de US $ 230 milhões. Com base em uma pesquisa de código aberto, o engenheiro social vem a saber que o CEO do GHF, Alex Burton, está a caminho de Dubai para participar do 14º Congresso Mundial de Saúde nos Países em Desenvolvimento. Uma programação completa da conferência está disponível online. A pesquisa também revela que, ao viajar para o exterior, os funcionários seniores do GHF sempre contratam uma empresa de transporte de segurança com o nome de Liberty Limo. O engenheiro social decide projetar e executar uma chamada de pretexto alegando ser da Liberty Limo. Pede para falar com a secretária executiva de Alex, Kimberly Davis. O objetivo é fazer com que Kimberly transmita dados muito sigilosos, acreditando que está atendendo a uma solicitação de seu chefe.

Devido à diferença de oito horas entre Dubai e a sede do GHF em Nova York, o engenheiro social liga para Kimberly às 8h30 (EST). Ele falsifica a ligação para mostrar "Liberty Limo" no identificador de chamadas.

-*Sr.ª Kimberly? (falado com um leve sotaque do Oriente Médio).*

-*Sim?*

-*Sou Rashid, da Liberty Limo. Estamos cuidando do transporte do Sr. Alex e de outras necessidades enquanto ele está aqui em Dubai. Não se preocupe, ele está muito bem. Ele acabou de entrar em uma reunião importante e me pediu que entrasse em contato com você. Ele precisa urgentemente de uma cópia do último relatório com detalhe dos principais benfeitores financeiros do GHF, com seus nomes, valores doados e suas informações de contato. O Sr. Alex solicitou que fosse enviado para o meu endereço de e-mail para que eu pudesse imprimi-lo imediatamente e passá-lo a ele durante sua reunião. Ele está tendo problemas para receber e-mails em seu telefone.*

-*Para qual endereço de e-mail ele deseja que seja enviado?*

-*Rashid.LibertyLimo@gmail.com*

Para aliviar, ainda mais, qualquer preocupação ou suspeita que Kimberly possa ter, o engenheiro social acrescenta:

-Sr.ᵃ Kimberly, o Sr. Alex também quer saber qual é sua cor favorita.

-Minha cor favorita? Para quê, em nome do céu?

-Bem, acho que ele encontrou algo dos Emirados Árabes Unidos que quer levar-lhe na volta. Eu não posso dizer para a senhora o que é. Eu só preciso de sua cor favorita.

-Ele não deveria preocupar-se em trazer-me nada.. Minha cor favorita é o roxo.

-Excelente! Vou-me certificar de que ele saiba disso. Obrigado pelo e-mail. Aacabei de recebê-lo e passarei imediatamente o relatório para ele.

O *vishing* com grupos de bate-papo

Apesar de não serem de fato reconhecidos como uma ferramenta do *vishing*, os grupos de bate-papo *online* também podem ser usados com o mesmo propósito. Uma de minhas estudantes universitárias estava achando muito difícil coletar informações de código aberto sobre sua empresa alvo. No entanto, ela descobriu um grupo de bate-papo online em que as pessoas trocavam informações livremente sobre suas experiências de trabalho na empresa. Usando um pseudônimo, minha aluna entrou no *chat* passando-se por alguém muito interessado em se candidatar a uma vaga que havia visto no *site* da empresa. Depois de se conectar com uma pessoa que, por acaso, era uma funcionária atual do departamento de RH da empresa, ela solicitou que transferissem o bate-papo para uma sala privada. Ela, com habilidade, usou várias das técnicas de aliciação discutidas antes para coletar informações consideráveis, incluindo uma visão sensível sobre uma vulnerabilidade explorável.

Encontros face a face

De todas as técnicas de engenharia social, o engajamento pessoal foi a abordagem de que mais gostei durante minha carreira como oficial de inteligência. Isso me permitiu alavancar totalmente a comunicação não verbal, que é inexistente no *phishing* ou no *smishing* e bastante limitada durante o *vishing*. Para mim, a comunicação não verbal eficaz incluía apertos de mão calorosos, sorrisos, contato visual direto e muitos gestos com os braços.

Da mesma forma, permitiu-me ver dicas não verbais inestimáveis que o alvo exibia, o que me ajudaria a medir o progresso na construção de relacionamento e avaliar seu nível de conforto comigo. Mais importante ainda, ajudaria a determinar melhor o nível de conforto em relação às informações que eu estava obtendo ou à ação que solicitei que realizassem em meu nome. Isso me ajudou a visualizar se eu tinha uma luz verde, amarela ou vermelha. Se fosse verde, eu poderia empurrar para frente e golpear enquanto o ferro estava quente. Se fosse amarelo, eu sabia que teria de dar um passo para trás e tentar enquadrar melhor a discussão para deixá-los mais à vontade. Se fosse vermelho, eu teria de recuar, mudar de assunto e considerar outras opções.

Os respectivos objetivos do uso de encontros face a face por um engenheiro social podem ser numerosos, mas essa abordagem é usada de forma mais eficaz em alguns cenários comuns.

Intrusões de instalações

Para obter acesso sem escolta a uma instalação alvo, o engenheiro social precisa desenvolver e executar habilmente um pretexto adequado para passar por porteiros, como recepcionistas, guardas e barreiras eletrônicas. Uma técnica comum é pegar carona ou uso não autorizado - marcar junto com outra pessoa ou grupo de pessoas que estão autorizadas a entrar na área restrita.

Os pretextos mais calculados dependem de informações previamente coletadas que identificam prestadores de serviços terceirizados contratados, bem como os estabelecimentos que fazem entregas às instalações. A seguir, estão alguns papéis usados com frequência e que os engenheiros sociais podem representar para obter acesso:

- ➢ Um membro do serviço de alimentação de alimentos contratado.
- ➢ Um membro da força de guarda contratada.
- ➢ Um membro da equipe de zeladoria contratada.
- ➢ Alguém que trabalha com a TI em instalação ou reparo.
- ➢ Um entregador de flores.

> ➢ Um entregador de comida (estabelecimento, local ou serviço de entrega de comida).

> ➢ Um entregador de FedEx ou UPS.

Em todos os casos, o engenheiro social deve apresentar-se conforme o papel escolhido, com os acessórios essenciais. Se se estiver passando por um fornecedor terceirizado, como os listados acima, ele deve usar roupas que correspondam ao perfil. Os uniformes são relativamente fáceis de adquirir no mercado ou de fabricar. Se necessário, o engenheiro social pode carregar um crachá ou passe de visitante facilmente fabricado com base em exemplares vistos em fotografias enviadas para a mídia social por funcionários do local de trabalho. Se entregar flores, eles levarão um belo arranjo de flores, bem como o nome e a localização da pessoa a quem as flores devem ser entregues pessoalmente. O engenheiro social deve saber a ocasião em que o alvo está comemorando algo, como um aniversário, com base nas postagens do Facebook. Se alegar ser de TI, levará um pequeno kit de ferramentas.

O que o engenheiro social faz quando está lá dentro? O acesso sem escolta dentro de uma instalação oferece várias opções de exploração técnica:

> ➢ Colocação de dispositivos de áudio em salas de conferência para captar discussões confidenciais durante as reuniões.

> ➢ Colocação de *keyloggers* em computadores para coletar nomes de usuários e senhas.

➢ Distribuição de USBs letais, como USBs infectados pelo *malware* e rotulados como "Folha de pagamento confidencial". O engenheiro social deixará cada um em uma área de onde um funcionário possa retirá-lo. Apesar de alguns dos funcionários poderem entregar o USB descoberto ao departamento de RH, é quase certo que pelo menos um deles o inserirá primeiro em seu sistema de computador por curiosidade. Uma vez inserido e aberto o arquivo corrompido, o comprometimento é iniciado.

Certa vez, tive a necessidade de obter acesso a um escritório alvo com o objetivo de obter uma planta baixa. Esse plano seria usado por uma equipe que mais tarde faria uma entrada sub-reptícia no meio da noite para colocar equipamento eletrônico de escuta. O escritório visado ocupava todo o oitavo andar de um prédio de dez andares.

Com o pretexto de que tinha interesse alugar escritórios, entrei em contacto telefônico com a administração do edifício. Eles marcaram-me um horário para visitar os escritórios disponíveis localizados no terceiro e no nono andares. Essa nomeação me permitiu passar pelos controles de segurança e acessar o prédio. Ao chegar ao escritório da administração, encontrei-me com Rebecca. Discutimos os serviços gerais prestados pela administração do prédio e obtive com ela uma cópia da estrutura da planta baixa genérica comum a cada andar. Rebecca levou-me, então, a um *tour* pelo prédio, incluindo os dois escritórios disponíveis. Quando terminamos no nono andar, eu educadamente encerrei minha visita. Eu disse a Rebecca que lhe informaria minha decisão nos próximos dias. Pedi licença para ir ao banheiro daquele andar antes de sair do prédio.

Ao sair do banheiro, desci as escadas até o oitavo andar e entrei na área de recepção do meu escritório alvo. Expliquei a Jason, o recepcionista, que seria, provavelmente, um novo inquilino no nono andar. Acrescentei que, durante meu passeio, Rebecca foi bem explícita na descrição dos espaços de escritório no oitavo andar, e mencionei que eles eram o melhor *layout* de todo o edifício. Enquanto Jason sorria com orgulho, perguntei se ele poderia fazer um *tour* rápido por seus escritórios, e ele prontamente atendeu. Fiz referências frequentes à bela decoração e recebi permissão de Jason para tirar algumas fotos. Ele até me apresentou a alguns de seus colegas como alguém que em breve seria um novo inquilino.

As informações que consegui coletar durante minha visita a Rebecca, seguida do *tour* pelo escritório de destino, foram suficientes para atingir meu objetivo. Com base em minhas fotos e observações adicionais, pude retornar ao mapa genérico fornecido por Rebecca e nele inserir os detalhes adicionais.

Acesso a alvos de *insider*

Embora possa ser difícil estabelecer um meio viável de contatar e ser atendido pelos alvos internos em seu local de trabalho, é muito fácil identificá-los quando participam de eventos externos, quando são facilmente acessíveis e tendem a ficar de guarda baixa.

As conferências profissionais

O engenheiro social usa, com frequência, conferências profissionais como uma forma eficaz de abordar alvos internos identificados, bem como alvos de oportunidade. Antes do evento, o engenheiro social pode obter uma lista das entidades que terão representantes no evento. Ao chegar, o engenheiro social trabalhará agressivamente no chão, procurando crachás de alvos em potencial e orquestrando breves encontros durante o almoço ou intervalos para o café. Uma vez engajado em uma conversa, o engenheiro social pode estabelecer relacionamento com um alvo potencial e usar técnicas de aliciação para coletar informações sobre o *insider* e seu empregador.

Os palestrantes da conferência

Os *insiders* podem ser convidados como palestrantes durante um evento de conferência, criando uma oportunidade única para o engenheiro social. Será disponibilizada a biografia do palestrante, bem como o tema da apresentação, data e hora da apresentação. Nesse caso, o engenheiro social predefinirá um pretexto específico para o contato com o palestrante, o que ocorrerá, normalmente, no final da apresentação. Conquanto esse contato inicial seja muito breve, ele definirá o cenário de uma reunião de acompanhamento. Mesmo que o engenheiro social não compareça fisicamente ao evento, ele pode usar o pretexto de ter

116

estado presente e entrar em contato com o alvo posteriormente para solicitar uma oportunidade de encontro.

Uma variação do direcionamento a um palestrante de conferência é direcionar alguém que esteja ministrando um curso com várias sessões, seja em uma universidade ou em uma associação profissional. Em algumas ocasiões durante minha carreira na CIA, fui capaz de identificar *insiders* bem posicionados em organizações, salvo de alta prioridade, que estavam dando palestras. Em ambos os casos, inscrevi-me no curso e cheguei com pelo menos 20 minutos de antecedência à primeira sessão. Os participantes costumam chegar até alguns minutos antes da aula, mas o palestrante sempre chegar pelo menos 30 minutos antes da hora para preparar o local. Aproveitei esse tempo para me apresentar e estabelecer um relacionamento pessoal inicial. Pude, então, reforçar gradualmente essa conexão durante os intervalos das aulas e as demais sessões do curso.

Os eventos de rede

Um engenheiro social diligente identifica clubes sociais ou associações profissionais de que seu alvo é membro. Os próximos eventos podem ser usados para oportunidades de *networking* com o objetivo de atingir diretamente o alvo ou identificar alguém que conhece esse alvo e, assim, poder fornecer uma referência.

Os facilitadores sociais

Às vezes, um engenheiro social orquestra um evento com o único propósito de fazer com que o alvo compareça. Eles contratam um terceiro para patrocinar ostensivamente um evento privado e fornecer ao facilitador uma extensa lista de pessoas para convidar - incluindo o alvo. O engenheiro social participa do evento e usa a oportunidade para iniciar uma conversa casual com o *insider* durante o evento. Como se trata de um esquema bastante elaborado e caro, ele só deve ser usado com *insiders* prioritários de difícil acesso.

O esquema do headhunter ou recrutador executivo

Algumas empresas gerenciam todo o processo de RH para a contratação de pessoal, enquanto outras podem terceirizar algumas das funções a um terceiro, geralmente denominado *headhunter* ou recrutador executivo. Um *headhunter* típico vai procurar clientes em potencial que se encaixem no perfil do candidato procurado pelo cliente. Eles usam diversos recursos, como bancos de dados de currículos, redes de contatos e LinkedIn. Ao ligar para um candidato em potencial, eles podem fornecer informações gerais sobre o cliente, bem como a posição, mas normalmente não revelam o nome do cliente até o início do processo de entrevista e avaliação.

Posar como um recrutador de executivos é uma das melhores capas usadas pelo engenheiro social de sucesso. O engenheiro social inicia o contato com o alvo pelo telefone como um *headhunter* que trabalha para preencher uma posição com um cliente não identificado, descrevendo uma posição que é um avanço em relação ao trabalho atual do alvo, seja em remuneração, cargo ou nível de responsabilidades. A engenheira social menciona que eles foram atraídos pelo público alvo com base em seu currículo ou perfil impressionante no LinkedIn e oferece a oportunidade de se encontrarem para tomar um café a fim de realizar uma entrevista básica. Mesmo quando os alvos não estão procurando ativamente um novo emprego, eles normalmente aproveitam essa oportunidade devido a uma curiosidade natural de aprender mais sobre o mercado e o que eles podem valer. Em suas mentes, eles não têm nada que perder.

O engenheiro social usa essa entrevista para coletar informações consideráveis sobre o alvo e seu empregador. Em alguns casos, um alvo pode ser perseguido por informações confidenciais relacionadas a um ex-empregador. Além das perguntas diretas da entrevista, o engenheiro social usa, com habilidade, técnicas de aliciação para dessensibilizar o alvo em relação à tentativa de obter informações protegidas.

Embora possa ser um encontro único, costuma levar a reuniões de acompanhamento durante o café, almoço ou jantar. Ao alvo pode até ser oferecido um contrato de consultoria confidencial para fornecer uma visão da indústria e informações privilegiadas sobre as atividades de seu empregador.

Esses acordos de consultoria podem continuar por muitos meses, se não anos. Em geral, eles terminam quando o "cliente" não precisa mais de informações adicionais ou quando o alvo perde o acesso por causa de uma mudança de posição ou aposentadoria.

Normalmente, a organização do alvo nunca toma conhecimento dessa violação devastadora e contínua.

O esquema do consultor

Em comparação com o esquema de *headhunting*, isso é menos complexo, mas pode produzir um resultado semelhante. Aqui, o engenheiro social entrará normalmente em contato com o *insider* alvo por telefone, identificando-se como alguém que trabalha como consultor do setor. O "consultor" precisa de uma visão particular de um novo projeto que o alvo pode ter com base em uma suposta referência ou em sua biografia no LinkedIn. De maneira geral, tal esquema só funcionará com aqueles indivíduos que são motivados por mentoria e ensino. Como isca para discussões contínuas, o engenheiro social pode atrair o alvo com jantares luxuosos, entretenimento, presentes e até mesmo uma compensação financeira.

O esquema do estudante universitário desesperado

Tata-se de uma maneira fácil para um engenheiro social entrevistar diretamente um *insider* e obter informações, com o pretexto de precisar concluir um trabalho de pesquisa ou tese. Ao conduzir a entrevista, o engenheiro social incorporará de forma criativa técnicas de aliciação para obter informações confidenciais. Costuma ser um encontro único e pode ser conduzido pessoalmente ou por telefone. Pessoas de dentro muitas vezes são receptivas a esse truque porque se lembram de como era ser um estudante universitário e querem ajudar. É o caso de quando o engenheiro social afirma estar estudando na *alma mater* do *insider*.

O pote de mel ou o esquema romântico

Embora, às vezes, encontrado nos EUA, esse esquema é frequentemente usado no exterior por serviços de inteligência e grupos criminosos. Os empresários estrangeiros que chegam ao país para realizar reuniões ou conferências são os principais alvos. Uma mulher atraente, que trabalha sob a direção do mestre engenheiro social, circulará nas proximidades do alvo - muitas vezes em seus hotéis ou restaurantes e bares próximos - e tentará atraí-lo para uma conversa. Em regra, a química inflamada evolui para a intimidade sexual.

Além de extrair informações de conversas de travesseiro, que são repassadas ao engenheiro social, esse esquema pode deixar o *insider* muito vulnerável a tentativas de extorsão. Em troca de recuperar o controle sobre materiais comprometedores, como fotos ou vídeos, o alvo terá de fornecer informações específicas e prejudiciais sobre sua organização. Outra variante desse esquema consiste em o engenheiro social ameaçar com danos físicos o "interesse amoroso" ou sua família, a menos que o *insider* concorde com as exigências. Em ambos os casos, esse esquema é bastante eficaz.

Peter Warmka

Capítulo 9

Como as organizações podem reduzir o risco de violação de segurança

"Onde minha razão, imaginação ou interesse não estivessem envolvidos, eu não aprenderia ou não poderia aprender."

—**Sir Winston Churchill**

Os tipos de agentes de ameaças que usam engenharia social, como escolhem seus alvos, o que procuram, como se preparam para um ataque e os diferentes métodos que usam para manipular os internos e atingir seus objetivos, todos eles assumem uma variedade de formas, cada uma das quais pode causar danos irreparáveis a uma organização. Embora existam tantas variáveis para a ameaça do engenheiro social, existem, também, etapas que as organizações podem adotar para diminuir significativamente o risco de serem vítimas de tais esquemas.

Conscientização e Realização

Desenvolver uma consciência dentro de uma organização de que as ameaças de engenharia social existem é um ponto de partida para se defender delas. No entanto, tão importante quanto a consciência é a compreensão genuína de que nenhuma pessoa ou organização está imune de se tornar o alvo de uma tentativa de violação. Apesar do bombardeio diário de notícias sobre numerosas violações de bancos de dados, ataques de *ransomware* e furtos de identidade, muitas organizações e indivíduos acreditam que isso nunca acontecerá com eles.

Essa mentalidade é extremamente perigosa e torna os indivíduos, bem como as organizações, muito vulneráveis.

Essencialmente, eles se tornam alvos fáceis. Para os criminosos, não há razão para perseguir alvos mais difíceis ou mais seguros quando abundam os *soft*. Ironicamente, a maioria dos alvos fáceis apenas busca ativamente fortalecer sua atitude de segurança depois de sofrer um ataque em primeira mão, como um proprietário que espera que sua casa seja roubada antes de instalar um sistema de alarme. Esse tipo de resposta é reativa em vez de proativa.

Como o fator humano se mostra como o elo mais fraco na segurança geral e proteção de dados, é aqui que o maior foco na prevenção precisa começar, desde os funcionários contratados até o alto escalão. Gastar milhões de dólares em tecnologia para proteger as instalações físicas ou a rede de TI não tem sentido se as ações humanas, intencionais ou inocentes, contornarem os controles de proteção. É aqui que o treinamento de conscientização de segurança é crucial.

Embora a maioria das organizações tenha desenvolvido programas de treinamento de segurança por motivos de conformidade regulamentar, frequentemente acaba sendo um mero exercício de marcar a caixa. Como resultado, muitas organizações procuram programas de treinamento *on demand* e prontos para uso para atender aos requisitos de conformidade. Os funcionários fazem esse treinamento anual obrigatório em suas mesas, clicando no programa durante a multitarefa e geralmente encontram pouco valor pessoal no programa. Como resultado, o processo aumenta uma falsa sensação de segurança para a organização e reforça a mentalidade dos funcionários de que o treinamento de conscientização sobre segurança tem pouca relevância para eles.

Programas de conscientização de segurança verdadeiros e eficazes precisam começar com o funcionário individual - é crucial que eles entendam e avaliem como as medidas de segurança apropriadas podem protegê-los pessoalmente e a seus entes queridos de danos físicos e financeiros. Depois de comprarem o valor da segurança em um nível pessoal, eles trarão mais prontamente a mesma mentalidade de conscientização para suas funções na empresa.

O treinamento de conscientização eficaz deve estender-se até muito além de condicionar os funcionários a clicar em um *link* em um *e-mail* ou a seguir uma lista de verificação de coisas que devemos e não devemos fazer. Todos os funcionários e contratados precisam entender totalmente o panorama geral, tendo orgulho e propriedade de suas funções valiosas na proteção da organização, de seus clientes e colegas de trabalho.

Treinamento prático

Depois que meus dias de coleta de inteligência para a CIA terminaram, eu não conseguia parar de pensar nos modos como as técnicas de engenharia social são usadas por agentes de ameaças de todos os tipos a pessoas e organizações comuns. Decidi colocar meus anos de experiência em prática treinando pessoas e organizações para evitar que se tornassem *insiders involuntários*, como as inúmeras pessoas que persegui em minha carreira.

Gosto de conduzir *workshops* educacionais interativos no local por meio do Counterintelligence Institute e envolver os funcionários nas informações que sua organização possui e que podem ser valiosas.

➤ Que tecnologia, informações de clientes ou dados de funcionários podem ser procurados por atores de ameaças?

➤ Quem pode querer roubá-lo e com que propósito?

➤ Onde as informações são mantidas dentro da organização e quem tem acesso a elas?

➤ Além das perdas financeiras de uma violação, que impacto isso pode ter na reputação da marca?

➤ A organização pode estar vulnerável a um ataque de *ransomware*?

➤ Em caso afirmativo, qual seria o impacto em suas operações?

➤ Nesse caso, eles devem pagar o resgate ou recusar?

➤ Eles conseguem imaginar cenários em sua empresa para o comprometimento de um *e-mail* comercial?

➤ Sua organização pode ser um alvo atraente com o fito de obter acesso a uma organização cliente ainda mais atraente?

Em seguida, conduzo-os a um exercício prático em que procuram informações de código aberto sobre sua organização e discutem o valor de tais informações com alguém que está planejando uma violação. Isso inclui a identificação de potenciais internos - quais departamentos ou funções de funcionários dentro da organização podem servir como alvos atraentes? Em seguida, foco o uso de mídia social para coleta de *insiders* e induzo cada funcionário a fazer uma autoavaliação de seu próprio perfil de mídia social.

O *workshop* continua com exemplos de várias técnicas de engenharia social e uma discussão sobre a facilidade ou dificuldade de seu uso bem-sucedido na empresa. Com base em minha experiência, essa abordagem de treinamento transforma a maneira como os funcionários pensam sobre segurança e redunda em maior conscientização, tanto na organização quanto em sua vida pessoal.

Uma das maneiras mais importantes de uma organização mitigar o risco de uma violação de segurança é minimizando a quantidade de informações disponibilizadas publicamente sobre a entidade e seus funcionários. Todas as informações postadas, seja no *site* da organização ou em *sites* de mídia social, devem ser avaliadas antes de sua divulgação na World Wide Web. Seu valor de relações públicas é maior do que seu uso potencial por alguém que está tentando violar a segurança da organização? Muitas vezes, a resposta será sim. No entanto, também há muitas ocasiões em que as informações postadas fornecem pouco valor agregado à reputação pública da organização, mas apresentam sérias vulnerabilidades a sua postura de segurança.

Além de sensibilizar os funcionários sobre quais informações não devem ser postadas *online,* a organização deve ter alguém cuja função seja conduzir regularmente pesquisas extensas na Internet, incluindo a *dark web*, para identificar qualquer coisa que possa representar uma preocupação de segurança. Uma vez identificada, a gerência terá de verificar se as informações podem ser removidas. Se não puder ser removida ou puder permanecer em uma versão arquivada da Internet, o uso potencial dessas informações por personagens nefastos precisa ser avaliado, juntamente com as salvaguardas sugeridas.

Além das preocupações com o controle da quantidade de informações disponíveis que podem ser exploradas por engenheiros sociais, as organizações e seus funcionários devem estar sempre prontos para enfrentar as tentativas de violação da segurança, reconhecendo os sinais de alerta.

Sinais de alerta: tentativas de *phishing* e *smishing*

O *phishing* por *e-mail* e o *smishing* por mensagens SMS são os dois mecanismos de comunicação que geralmente contêm *links* ou arquivos anexados. Aqui estão várias coisas que devem ser consideradas:

> ➢ Não confie no nome de exibição ou título ao receber um *e-mail*. É mais importante concentrar-se no endereço de *e-mail* real de que ele provém - qualquer pessoa pode copiar e colar logotipos.

- ➤ Perceba que os endereços de *e-mail,* assim como os identificadores de chamadas, podem ser falsificados.
- ➤ Você é o único destinatário ou existe uma lista de destinatários?
- ➤ O *e-mail* apresenta vocativo específico, ou seja, com seu nome; ou vocativo genérico, com "Prezado cliente?"
- ➤ Qual é o conteúdo real da mensagem? Ele está solicitando que você tome medidas urgentes devido a um problema? Isso representa uma grande bandeira vermelha. Ele está pedindo informações pessoais? Outra enorme bandeira vermelha! O conteúdo faz sentido? Contém erros gramaticais ou ortográficos? Em caso afirmativo, é provável que seja fraudulento.
- ➤ Reveja a assinatura - a falta de detalhes sobre o signatário é um indicador de *phishing*. As empresas não terão apenas um nome, mas também um endereço, número de telefone de contato, *e-mail,* endereço da Web e muito mais.
- ➤ Você nunca deve clicar em um *link* ou abrir um arquivo anexado fornecido em um *e-mail* em que não possa confiar totalmente, sobretudo aqueles que solicitam que você faça *login* em sua conta a partir desse *e-mail.* Você sempre pode abrir um navegador separado para fazer *login* diretamente em sua conta e verificar se as informações fornecidas estão corretas. Lembre-se do exemplo de Randy Wilton no Capítulo 7, que recebeu um *e-mail* sobre o próximo leilão

de um documento raro? Se for verdade, é provável que Randy consiga encontrar as informações disponíveis sobre o leilão com uma simples pesquisa no Google.

Sinais de alerta: tentativas de *vishing* ou face a face

A seguir, estão os possíveis sinais de alerta de uma tentativa de violação durante chamadas telefônicas ou interações face a face:

- ➢ Recusa do chamador em dar um número para a resposta.
- ➢ Solicitação fora do comum - algo fora do padrão ou normal.
- ➢ Reivindicação de autoridade de um chefe, alguém que representa o chefe, segurança ou aplicação da lei.
- ➢ Urgência na solicitação, em mensagem, de tomada imediata de uma ação.
- ➢ Ameaça feita por alguém, com consequências negativas do descumprimento, (como comprometer seu trabalho).
- ➢ Desconforto manifestado por alguém quando questionado, como hesitar em dar respostas ou gaguejar.
- ➢ Ocultamento do nome de alguém que parece conhecer todo mundo, e com citação de nomes de personalidades.
- ➢ Uso excessivo de elogios ou lisonjas.
- ➢ Manifestação de curiosidade sobre você ou seu empregador.
- ➢ Questionamento fora do contexto do propósito da reunião ou encontro casual.
- ➢ Dúvida quanto à credibilidade das informações fornecidas pela pessoa sobre a natureza do seu trabalho ou negócio.

Em todos os casos de suspeita de engenharia social, é extremamente importante verificar a identidade do solicitante, bem como a legitimidade da solicitação antes de dar cumprimento à ação. Lembre-se de que eles estão abordando você com a solicitação, seja por *e-mail,* mensagem de texto, telefone ou pessoalmente. Se eles o alvejaram, eles fizeram o dever de casa e podem ser extremamente convincentes.

Para verificar a autenticidade de uma interação, considere as seguintes etapas:

➢ No caso de *e-mail* ou SMS: Não clique automaticamente no *link* ou abra o anexo. Se a mensagem é oriunda de uma organização, vá diretamente para o *site* dela. No caso de receber a comunicação de uma pessoa, ligue para essa pessoa.

➢ Em caso de ligação telefônica: Não cumpra as informações solicitadas. Instrua o chamador a fazer a solicitação por escrito. Como alternativa, peça um número de resposta e responda à ligação depois de algum tempo.

➢ No caso de alguém tentar entrar nas instalações: Siga as políticas rígidas de sua empresa em relação ao acesso a suas instalações. Se eles não tiverem um crachá de acesso adequado, encaminhe-os ao emissor. Se o crachá exigir uma escolta, não permita que prossigam sem ela. Se o crachá permitir o acesso apenas a certas áreas da instalação, não permita que entrem em espaços restritos. Não faça exceções. Quanto àqueles que emitem os crachás, certifique-se de que haja uma solicitação por escrito de um funcionário autorizado e de que ela haja sido recebida por meio de um canal seguro. Nunca faça um crachá baseado em uma chamada telefônica, que pode ser suscetível a *vishing.*

➤ No caso de ser abordado por alguém durante conferências, feiras ou outros locais onde você possa ser visto: Nunca discuta informações proprietárias com essa pessoa. Esteja alerta para o uso potencial de técnicas de elicitação. Assuma o controle da conversa e use contraelicitação para verificar sua credibilidade. Tente obter deles quaisquer informações que possam conter informações verificáveis (brochura, cartão de visita ou referências).

➤ Se contatado por um *headhunter:* Antes de concordar em se encontrar pessoalmente, solicite informações específicas que podem ser verificáveis para incluir nome completo, nome da empresa e número de telefone do escritório. Pesquise no Google o nome da empresa para ver se há alguma menção a ela além de seu próprio *site.*

Relatório de incidentes e reforço da consciência de segurança

Os funcionários devem compreender que não atender, simplesmente, a uma solicitação de um engenheiro social suspeito não é suficiente. É muito importante que eles relatem o incidente ao departamento de segurança de sua organização, que será capaz de rastrear quaisquer padrões ou tendências dos relatórios de incidentes e ajudar a validar se a organização é o alvo de um verdadeiro ataque. Quando os funcionários deixam de relatar tais incidentes, eles estão, de fato, dando ao invasor outra oportunidade por meio de outra pessoa.

Os funcionários precisam entender que são, com efeito, a primeira e a melhor linha de defesa para proteger a organização. Não fazer isso pode resultar na perda de segredos comerciais, dados de clientes, dados de funcionários, receita e perda potencial de empregos.

Considere adaptar um *slogan* que seja fácil de lembrar, como "verifique (a informação), antes de confiar (nela) cegamente". Essa abordagem deve ser incentivada, e os funcionários nunca devem ser advertidos por tomar medidas adicionais para proteger a integridade da segurança da organização.

Para maximizar a eficácia de uma campanha de conscientização sobre segurança, é importante que o treinamento seja reforçado por exercícios práticos contínuos. Seja conduzido internamente ou com o suporte de um fornecedor terceirizado, os funcionários precisam ser testados de forma aleatória em todos os quatro canais de comunicação usados pelos engenheiros sociais, e os resultados e tendências precisam ser analisados pela gerência. Os indivíduos que fecharam, de modo adequado, a tentativa de estratagema da engenharia social precisam ser reconhecidos e recompensados. Aqueles que falham não devem ser punidos ou nomeados em público. No entanto, é importante compartilhar os resultados desses testes com toda a força de trabalho e com regularidade.

Capítulo 10

Levando para casa: protegendo suas informações pessoais e sua segurança financeira

"Ninguém tem poder sobre você, a menos que você o dê a eles; você está no controle de sua vida, e suas escolhas decidem seu próprio destino."

—Anônimo

Os indivíduos precisam estar cientes de que podem ser facilmente alvos de um engenheiro social para exploração pessoal direta ou como potenciais *insiders* no intuito de obter acesso às organizações alvo. Assim como as organizações precisam ter cuidado ao divulgar informações ao público, os indivíduos devem exercer a mesma cautela e disciplina em não divulgar informações exploráveis que podem torná-los vulneráveis como alvos em potencial.

A mídia noticia regularmente as principais violações de segurança sofridas por corporações, organizações sem fins lucrativos e institutos acadêmicos, bem como escritórios do governo municipal, estadual e federal. Em comparação, é raro haver relatórios sobre indivíduos que foram diretamente vitimados por *ransomware* ou roubo de identidade. Isso não significa que tais casos sejam raros.Eles são tão frequentes quanto as violações bem-sucedidas nas organizações. A diferença é que não são divulgados publicamente.

Para colocar isso em perspectiva, considere o processo de decisão de organizações e indivíduos em relação a relatar uma violação de segurança. Tudo se resume a requisitos legais - as organizações só são obrigadas a relatar uma violação se ela resultar na divulgação potencial de informações de identificação pessoal. Essas regras estão sujeitas a regulamentações estaduais individuais e dependerão da localização da empresa violada e, também, da localização de consumidores individuais que tiveram suas informações comprometidas. Um segundo regulamento vem da Security and Exchange Commission (SEC), que exige que todas as empresas de capital aberto relatem a violação se ela produzir impacto significativo sobre os acionistas.

Quando não é obrigada a fazê-lo pelos regulamentos, uma organização, em geral, decide não relatar. Eles estão preocupados com o fato de que a divulgação de violações de segurança afetará, de modo negativo, sua reputação e marca. Como resultado, há muito mais casos de violação de dados sofridos pelas organizações do que o relatado.

Da mesma forma, os indivíduos não são legalmente obrigados a relatar uma violação de seu *laptop* pessoal. Eles são encorajados, no entanto, a apresentar um relatório à Federal Trade Commission (FTC) se forem vítimas de fraude de identidade. Uma cópia desse relatório, além de uma emitida pela polícia, são frequentemente exigidas quando se trata de comerciantes que podem ter emitido crédito com a identidade roubada. Embora a FTC tenha recebido mais de 650.000 relatórios de roubo de identidade em 2019, esses relatórios nunca são divulgados ao público.

Além do roubo de identidade, os engenheiros sociais também têm como alvo os indivíduos com o *ransomware*. Apesar dn 'os criminosos exijirem muito menos dinheiro dos indivíduos em comparação com o resgate de dados corporativos, isso ainda pode custar à vítima vários milhares de dólares. Outra técnica de extorsão cada vez mais popular é exigir pagamento em troca de não divulgar publicamente fotos comprometedoras ou *e-mails* sexualmente explícitos protegidos por *hack*. Conquanto muitos casos de esquemas de "sextorção" sejam, em última análise, boatos ou ameaças vazias, as vítimas ficam apavoradas e costumam pagar para evitar problemas legais ou de reputação.

Avalie as informações disponíveis

O primeiro passo que um indivíduo deve dar é avaliar quais informações ele já colocou nas redes sociais e as medidas tomadas para protegê-las. Eles postaram detalhes como data completa de nascimento, planos de férias futuras, itinerário de viagem ou informações de identificação de seus filhos? Nesse caso, isso é bastante explorável e deve ser removido. Se bem que não seja realista recomendar que as pessoas não usem as mídias sociais, o risco de exploração potencial será reduzido se as configurações de privacidade adequadas forem implementadas. Os indivíduos devem rever as configurações de privacidade de todas as suas contas de mídia social de forma recorrente. Quando as configurações de privacidade não são restritas, os usuários das redes sociais estão, na verdade, abrindo-se para o mundo. Quanto menos informações publicamente disponíveis sobre uma pessoa, menos provável que ela se torne um alvo real. A maioria das informações públicas sobre um indivíduo é compartilhada pelo próprio indivíduo em seu perfil publicado e em postagens nas mídias sociais, dando aos engenheiros sociais um controle considerável.

Os indivíduos também devem avaliar consistentemente o fornecimento de informações àqueles que as solicitam. A Internet apresenta oportunidades frequentes para os indivíduos obterem produtos ou serviços gratuitos em troca do preenchimento de um formulário de registro com solicitação de informações pessoais. Nesses casos, é importante verificar se a organização que está solicitando essas informações é legítima. Uma das técnicas mais antigas de coleta de informações pela Internet é estimular um indivíduo a fornecer informações durante o processo de registro para concorrer a um prêmio. A menos que você possa verificar a legitimidade da organização por trás do evento, fornecer essas informações é muito arriscado.

Manter o controle sobre suas informações deve ser feito em todas as facetas de sua vida cotidiana. Se você estiver preenchendo informações básicas no consultório médico ou em outro provedor de serviços e eles pedirem seu número de previdência social, pare e pergunte por que eles precisam disso. Na maioria dos casos, eles não precisam. Não forneça dados pessoais confidenciais automaticamente porque há uma linha para eles no formulário.

Analise as mensagens com atenção

Além das medidas tomadas para salvaguardar as informações pessoais, os indivíduos devem estar atentos à forma como respondem aos *e-mails,* mensagens de texto, chamadas telefônicas e até mesmo batidas na porta, já que essas abordagens podem ser usadas por engenheiros sociais para comprometer a segurança.

Hoje, a maioria de nós carrega dispositivos móveis para verificar *e-mail,* pesquisar na Web, participar de plataformas de mídia social e fazer ligações. Muitos de nós usamos os mesmos dispositivos para obter acesso ao servidor de rede de nosso escritório. Como resultado, os criminosos estão cada vez mais visando a dispositivos móveis pessoais para obter acesso aos dados confidenciais de uma organização. Mesmo que uma pessoa acredite que não há nada que valha a pena roubar pessoalmente, ela deve pensar novamente - ela pode tornar-se um canal para seu empregador.

Os dispositivos móveis são especialmente vulneráveis ao usar pontos de acesso a WiFi públicos ou desprotegidos. Se você for fazer *login* em contas confidenciais, como o servidor do escritório, conta bancária ou portal de saúde enquanto estiver nesses pontos de acesso, estará correndo um grande risco - seus nomes de usuário e senhas podem ser facilmente comprometidos. Tenha especial atenção ao serviço gratuito de Internet fornecido em locais como aeroportos, restaurantes ou hotéis. Qualquer pessoa pode configurar o WiFi gratuito e atribuir a ele uma convenção de nomenclatura que se assemelha ao nome do estabelecimento.

Os *hackers* adoram obter os nomes de usuário e senhas usados por um alvo para fazer *login* em suas contas pessoais. É provável que um indivíduo típico faça *login* em mais de 25 contas *online* diferentes semanalmente, tornando difícil ter - e lembrar - um nome de usuário e senha exclusivos para cada *login* de conta. A maioria das pessoas criará um nome de usuário e senha e os usará em várias plataformas, mas o *hacker* só precisa descobrir um nome de usuário e senha para fazer *login* na maioria das contas. É importante usar nomes de usuário e senhas exclusivos de cada plataforma de *login*, e há uma variedade de serviços de gerenciamento de senhas disponíveis para ajudar a controlá-las.

Quando se trata de chamadas telefônicas não solicitadas, os chamadores podem falsificar o número de onde estão ligando e fingir ser quem desejam ser. Eles usarão uma variedade de técnicas persuasivas, como uma autoridade que alega estar ligando do IRS, ou aplicação de uma lei. Eles podem usar a escassez e alegar que é uma oferta por tempo limitado. Eles podem até usar o consenso social, pedindo que você faça uma doação para os veteranos mortos.

A melhor tática para essa ameaça é não responder a nenhum número com que você ainda não esteja familiarizado. Deixe a chamada ir para o correio de voz e, em seguida, ouça o correio de voz. A maioria dos engenheiros sociais, incluindo operadores de *telemarketing,* não deixará uma mensagem no correio de voz - eles preferem ligar de volta e tentar colocar você na linha, quando podem efetivamente tentar manipulá-lo. Se, por acaso, você falar com alguém por telefone que está tentando fazer com que você compre um produto ou forneça informações, não o consinta.Você sempre pode pedir que eles lhe enviem as informações ou a solicitação por correio. Se for realmente legítimo, eles não devem ter problemas em fazê-lo.

Navegar nas interações pessoais

Muitos de nós recebemos batidas na porta de fornecedores de produtos e serviços, incluindo fornecedores de sistemas de segurança doméstica, pintores, telhadores ou paisagistas. Você entrou em contato com eles ou eles estão-se aproximando de você? Você não pode confiar totalmente em quem eles são ou no que estão dizendo. Seja cordial, aceite suas informações, mas não se comprometa. Se você estiver interessado, reserve um tempo para verificar suas credenciais. Se eles precisarem de uma licença estadual para oferecer seus serviços, acesse o *site* da autoridade de licenciamento para ver se a licença existe e está em dia. Se eles fornecerem referências em seu *site* ou de viva voz, não confie nessas referências - elas podem ser encenadas. Procure meios independentes para obter uma revisão.

Apesar de minha experiência e compreensão das técnicas de engenharia social, nem sempre sou imune a elas, especialmente se forem usadas por empresas, e não por agentes mal-intencionados de ameaças. Vários meses atrás, fui abordado por alguém dentro de uma grande loja de ferragens que usava um boné com o logotipo dessa loja. Ele explicou que eles estava conduzindo auditorias de energia doméstica gratuita e queria marcar um encontro. Confiando na marca da loja, resolvi marcar o encontro. Quando chamado para reconfirmar o compromisso, fui informado de que tanto minha esposa quanto eu precisávamos estar presentes. Isso foi uma bandeira vermelha inicial para mim, um alerta. Parecia que poderia transformar-se em uma tentativa de venda de alta pressão.

O representante chegou bem na hora para o compromisso no sábado de manhã e mostrou-nos vários gráficos e tabelas bem elaborados para levar-nos à ideia de que algumas pequenas atualizações poderiam resultar em economias consideráveis em nosso consumo de energia e... em minha carteira. Depois de pesquisar a casa por 20 minutos, ele escreveu uma proposta para realizar três reformas. Ao tentar mostrar como essas melhorias se pagariam em 18 meses, fiquei surpreso com o custo, que foi dividido em comaterial e mão de obra.

Embora um pouco cético, concordei em assinar o contrato com base em uma cláusula dele que me dava três dias úteis para cancelá-lo. Após sua saída de nossa casa, imediatamente entrei na Internet para pesquisar e verificar o preço de mercado de cada um dos componentes. A cotação detalhada no contrato para o mesmo material era 250% maior. Isso me enfureceu.

Na segunda-feira seguinte, decidi visitar fisicamente o escritório desse empreiteiro em vez de tentar cancelar o contato por telefone. Como sou um examinador de fraudes certificado, decidi usar minha jaqueta com o logotipo da Association of Certified Fraud Examiners (ACFE). Ao chegar lá, pedi para falar com o gerente geral. Fui conduzido a uma sala de aproximadamente 15 funcionários que pareciam estar trabalhando pelo telefone. Disse ao gerente que queria cancelar o contrato porque estava muito incomodado com a falta de transparência nele. Sem me pedir mais detalhes ou tentar convencer-me a reconsiderar, ele puxou a papelada e cancelou oficialmente o pedido.

Em seguida, apresentei uma reclamação à loja de ferragens. Disseram-me que eles permitem que os empreiteiros ofereçam serviços aos clientes da loja periodicamente, caso adquiram vários componentes nela. Objetei-lhe que eles precisavam examinar melhor esses empreiteiros, pois, a meu ver, tal incidente prejudicou seriamente a reputação da loja dele.

Esse incidente apenas me reafirmou a necessidade de nunca confiar em tudo o que é dito por alguém que se aproxima de você. Embora não trabalhasse nem na loja nem com a loja, esse empreiteiro aproveitou a aparência de uma afiliação direta para ganhar a confiança de clientes despretensiosos. Ainda que antiético, não era ilegal - o contrato foi redigido de acordo com a lei estadual. Em meu caso, exerci meu direito de rescindir o contrato em três dias úteis, mas a maioria dos indivíduos que o assinam e não o rescindem, só percebem que pagaram um valor alto depois de conversar com os vizinhos... várias semanas ou meses após. A essa altura, já é tarde demais!

Sempre existiram pessoas que tentam alavancar a confiança cega e as habilidades da engenharia social para cumprir seus objetivos em detrimento de suas vítimas. Hoje, mais do que nunca, diversos recursos da Internet podem ser usados para ajudar a verificar ou questionar sua legitimidade.

Você é a primeira e melhor linha de defesa na proteção de si mesmo, de sua família e de sua organização. Para derrotar a maioria dos esforços da engenharia social, lembre-se sempre de que, ao receber um *e-mail* não solicitado, um texto, telefonema ou abordagem face a face, é imprescindível verificar tudo antes de confiar neles.

Peter Warmka

Capítulo 11

O futuro do *hacking* humano

"Os humanos deveriam preocupar-se com a ameaça representada pela inteligência artificial."

—Bill Gates

O que podemos esperar nos próximos meses e anos em relação ao uso contínuo e bem-sucedido da metodologia de engenharia social por vários atores de ameaças para violar a segurança das organizações em busca de dados protegidos? Infelizmente, a menos que haja uma mudança significativa na mentalidade dos profissionais de segurança para dar mais ênfase ao treinamento de conscientização de segurança a todos os funcionários internos e contratados, essa será uma ameaça persistente e sempre crescente.

Mais preocupantes são os diversos fatores em evolução que é provável que levem a um aumento na magnitude de tais violações tanto por grupos criminosos quanto por agências de inteligência patrocinadas pelo estado. O primeiro tem que ver com fatores econômicos. Estou escrevendo este livro no meio da pandemia COVID-19, que levará, talvez, a uma recessão econômica mundial. Logo depois que as economias entram em desaceleração econômica significativa, há sempre aumento acentuado da atividade criminosa. Atinge todos os níveis, desde pequenos furtos, fraudes de funcionários, a assaltos domésticos, assaltos à mão armada e violações de segurança de organizações para roubar dados valiosos.

À medida que mais e mais funcionários e contratados enfrentam graves dificuldades econômicas, haverá um número crescente de indivíduos suscetíveis a se tornarem *insiders* mal-intencionados. Alguns desses *insiders* terão treinamento e experiência significativos em TI e tecnologias relacionadas. Eles também compreenderão as vulnerabilidades representadas pela interação humana com a tecnologia e o *know-how* que pode ser aproveitado para ganho financeiro pessoal. Embora alguns possam decidir agir por conta própria, outros serão alvos suscetíveis a recrutamento por grupos criminosos.

Ainda mais sério é o uso potencial de *big data* por grupos criminosos e serviços de inteligência estrangeiros para fins de seleção de alvos. As primeiras violações de dados significativas de organizações remontam a 2005 e têm aumentado de forma constante ano a ano. Imagine o valor de ser capaz de controlar, triangular e analisar dados - especialmente dados pessoais - roubados nos últimos 15 anos. Quando consideramos as violações de OPM e Equifax mais recentes, isso não deve ser descartado como um cenário improvável. Está bem dentro do reino das possibilidades.

Conforme discutido no Capítulo 1, os dados roubados da OPM e da Equifax não apareceram para revenda em qualquer lugar na *deep web.* Isso sugere que estão sendo mantidos e potencialmente analisados para uso futuro. Os indivíduos que podem ser visados usando essas informações serão extremamente vulneráveis. Alguns deles serão provavelmente funcionários importantes do governo dos EUA com acesso a informações confidenciais ou em posições para influenciar decisões em benefício de uma potência estrangeira. Outros ocuparão cargos importantes em entidades não governamentais de interesse que poderiam ser aproveitados para conduzir violações de dados adicionais ou influenciar decisões.

Finalmente, será muito interessante ver a evolução contínua da tecnologia e sua relação com os humanos. Embora algumas pessoas temam que os avanços na inteligência artificial (IA) acabarão por levar a nossa perda de controle, acredito que precisamos olhar para isso sob outra luz. A tecnologia é, e continuará a ser, mera ferramenta usada por humanos. Não é moral nem imoral - os humanos decidem como a tecnologia será usada. Assim como pode beneficiar os interesses egoístas de uns poucos em detrimento da sociedade, pode trazer benefícios consideráveis para toda a humanidade.

Enquanto a tecnologia evolui, a psicologia humana básica permanece bastante constante. As pessoas continuarão tendo necessidades básicas. Elas também continuarão a sentir as emoções humanas ao se relacionarem com o ambiente. Mais importante ainda, da perspectiva de um engenheiro social, as pessoas sempre terão motivações e vulnerabilidades que podem ser manipuladas.

O perigo da perspectiva é como os engenheiros sociais vão aproveitar a tecnologia na manipulação de seus alvos. Hoje, está claro, podemos ver diretamente como os engenheiros sociais se beneficiam do uso da Internet para coletar dados sobre organizações e indivíduos. Os canais de comunicação usados atualmente por engenheiros sociais, como *e-mail,* SMS, chamadas telefônicas (incluindo falsificação de chamadas) e plataformas de mídia social são ferramentas tecnológicas relativamente novas que continuarão a evoluir ou serão substituídas. No futuro, a IA pode reduzir ou eliminar as limitações e vulnerabilidades de um engenheiro social.

Hoje, os engenheiros sociais estão limitados na quantidade de dados de segmentação que podem coletar e, especialmente, na quantidade de dados que podem reter. Como resultado, os engenheiros sociais são incapazes de analisar as informações que coletam durante as conversas com o alvo em conjunto com todas as informações disponíveis sobre o tópico ou o indivíduo. Eles limitam o poder do cérebro intelectual.

Além disso, os engenheiros sociais têm nossas próprias emoções que podem tornar-se distrações e, às vezes, atrapalhar nossos objetivos. Embora façamos o melhor possível para tentar ler as emoções de nossos alvos, estamos limitados a analisar sua comunicação verbal em conjunto com algumas pistas não verbais. Se os engenheiros sociais são capazes de aproveitar o uso da IA em evolução para a manipulação humana, podemos, apenas, especular sobre a ameaça exponencial. Seja em 25, 50 ou 100 anos a partir de agora, o homem produzirá provavelmente robôs capazes de imitar a forma humana. Nesse caso, seus pontos fortes potenciais podem incluir a capacidade de maximizar todos os dados disponíveis sobre os alvos, analisar rapidamente novos dados fornecidos por um alvo e ser capaz de formular e executar instantaneamente técnicas para avançar a manipulação em direção aos objetivos gerais. Essa tecnologia também pode ser capaz de ler as emoções humanas por meio de comunicação verbal e não verbal, incluindo mudanças na respiração, movimento dos olhos, pressão sanguínea ou voz.

E quanto às fraquezas potenciais dos robôs? Talvez não haja nenhuma. Embora os androides aprendam a expressar emoções como tristeza, alegria, compaixão e empatia ao interagir com um alvo, eles não as internalizarão. Como resultado, eles não terão nenhuma vulnerabilidade emocional. Eles estarão exclusivamente focados na execução do plano de seus capatazes humanos e com extrema precisão. Como tal, seus alvos humanos continuarão sendo o elo mais fraco na segurança de uma organização.

A tecnologia e a forma como os engenheiros sociais a usam continuarão a evoluir, enquanto os humanos - junto com suas motivações, vulnerabilidade e instinto de confiança - permanecerão uma constante. Apesar de as organizações não poderem gerenciar a miríade de esquemas alimentados pela IA que os engenheiros sociais usam para manipular um alvo no futuro, eles podem fazer o melhor possível para garantir que o elo mais fraco de sua atitude de segurança continue sendo sua primeira linha de defesa.

Peter Warmka

Do autor

Obrigado por ler *Confessions of a CIA Spy* - The Art of Human Hacking. Se você gostou deste livro (ou mesmo, se não gostou), visite o *site* onde o comprou e escreva uma breve resenha. Seu *feedback* é importante para mim e ajudará outros leitores a decidir se devem ler o livro também.

Se você deseja saber mais sobre *hacking* humano, lançamentos de livros futuros, palestras e programas educacionais, visite www.counterintelligence-institute.com.

Peter Warmka, 2021

Peter Warmka

Apêndice A

Questionário de Avaliação Pessoal

O questionário anexo deve ser usado pelo leitor para avaliar sua própria atitude de segurança relevante em face de ameaças potenciais de engenharia social, e maneiras de melhorá-la.

Proteção de dados pessoais - Parte I

Reveja todos os *sites* de mídia social que você usa (LinkedIn, Facebook, Twitter, Instagram, YouTube, TikTok, etc.), bem como quaisquer outros recursos *online* (*sites* organizacionais, *blogs,* resultados de pesquisa gerais do Google), que podem conter suas informações pessoais, indicadas em seu perfil ou reveladas por meio de fotos e postagens. Indique abaixo quais informações podem ser encontradas *online:*

Data de nascimento:

Aniversário:

Local de nascimento:

Cidade onde você mora atualmente:

Endereço real:

Endereço de *e-mail* postado:

Número de telefone publicado:

Sua localização atual neste minuto:

Números de identificação da carteira de motorista, passaporte ou crachá de funcionário:

Graus acadêmicos e onde foram obtidos:

Estudos acadêmicos atuais:

Certificações profissionais:

Histórico de trabalho:

Empregador / cargo / responsabilidades atuais:

Quaisquer comentários que você fez sobre o seu trabalho:

Prêmios recebidos:

Publicações:

Instituições de caridade que você apoia:

Trabalho voluntário:

Viagem anterior:

Próximos planos de viagem:

Times esportivos favoritos:

Filmes / atores favoritos:

Livros favoritos:

Comida / bebida / restaurantes favoritos:

Lojas favoritas:

Gênero musical, artistas e bandas favoritos:

Hobbies:

Coleções:

Agências de notícias favoritas:

Outros indicadores socioeconômicos que incluem:

Membros do clube:

Participação em eventos de alto nível:

Imagens com carros / barcos / RVs / joias:

Escola particular para crianças:

Religião / eventos religiosos atendidos:

Filiação política / eventos políticos atendidos / opiniões políticas expressas:

Preferências sexuais:

Sites de namoro ou aplicativos usados:

Como eles estão ligados a seu nome?

Alguma informação potencialmente comprometedora?

Relações pessoais que incluem:

Outro significado:

Filhos / nomes / idades:

Membros da família:

Círculo identificado de amigos mais próximos:

Contatos profissionais identificados:

Mitigação de risco: Percebendo quais informações estão agora publicamente expostas, pense em como elas poderiam ser usadas por um engenheiro social para obter acesso a você, a um membro da família, um colega ou a seu empregador. Identifique as informações mais confidenciais e considere sua remoção ou modificação e maximize suas configurações de privacidade.

Proteção de dados pessoais - Parte II

Liste as plataformas de mídia social que você usa atualmente ou usou no passado e verifique se você reviu e atualizou suas configurações de privacidade. Considere fazer com que parentes próximos também revejam suas configurações, pois suas contas podem ser usadas para coletar informações sobre você.

Configuração de privacidade do *site* de mídia social verificada (S / N)

Proteção de dados pessoais - Parte III

1. Identifique todas as contas *online* que você usa e que exigem nome de usuário e senha.

2. Identifique quantos deles são acessados com a mesma senha.

3. Como você os está monitorando?

4. Você os está mantendo por escrito?

5. Mitigação de risco: analise vários gerenciadores de senha e considere o uso de um deles.

Vulnerabilidade a tentativas de engenharia social

1. Você está confiante em que poderia reconhecer a tentativa de alguém usar técnicas de elicitação para coletar informações confidenciais sobre você ou sua empresa?

2. Se acontecesse, você sabe o que faria?

3. Você pode ser facilmente direcionado para uma abordagem fora do seu escritório em estabelecimentos que você visita rotineiramente (cafés, restaurantes, academias, locais de culto), em conferências, feiras de negócios, eventos de associações sociais ou profissionais?

4. Você ou alguém que você conhece já foi contatado por um *headhunter*? Se for contatado no futuro, o que você fará para verificar a legitimidade do cliente em potencial?

5. Que medidas você toma para verificar a legitimidade de um *e-mai*l que solicita uma ação, como clicar em um *link* ou abrir um documento?

6. Que medidas você toma para verificar a legitimidade de uma mensagem de texto recebida?

7. Que medidas você toma para verificar a identidade de um chamador e a legitimidade de sua solicitação para obter informações ou uma solicitação para que você execute uma ação específica?

8. Que medidas você toma para verificar a legitimidade de alguém que chega inesperadamente a sua porta oferecendo um serviço ou solicitando doações?

Peter Warmka

Apêndice B

Recursos adicionais

*É fornecida neste apêndice uma pequena lista de recursos **online** disponíveis e recomendados pelo autor para informações adicionais sobre os tópicos discutidos neste livro.*

Information is Beautiful - visualização das maiores violações de dados do mundo desde 2009:
www.informationisbeautiful.net/visualizations/worlds-biggest-data-breaches-hacks

Hackmageddon - cronograma detalhado de violações de dados em todo o mundo:
www.hackmageddon.com/category/security/cyber-attacks-timeline

Ameaças cibernéticas globais em tempo real - apresentado pela Kaspersky:
www.cybermap.kaspersky.com

Portal de violação do Departamento de Saúde e Serviços Humanos dos EUA - detalhes impressionantes de todas as violações a informações de saúde protegidas e não seguras:
https://ocrportal.hhs.gov/ocr/breach/breach_report.jsf

Mais de 100 *blogs* sobre segurança cibernética e recursos da Infosec - outros recursos ainda sobre as mais recentes ameaças à segurança cibernética:
https://www.cyberdefensemagazine.com/top-100-cybersecurity-news-site

Engenharia Social - *site* educacional voltado especificamente para a engenharia social:

www.social-engineer.org

Peter Warmka

Glossário

Aliciação: metodologia usada por engenheiros sociais para extrair informações confidenciais durante uma conversa casual com um alvo sem noção alguma disso.

Ator estadual: alguém que conduz atividades de inteligência sob a direção ou interesse de um estado nação.

Backstopping*:* suporte obtido e usado para adicionar crédito a uma história de capa ou legenda. Pode ser material, como cartões de visita, *sites* ou escritórios físicos; ou pode ser uma simples verificação feita por alguém que atende um número de telefone.

Business E-mail Compromise (BEC): é um ataque em que o perpetrador obtém acesso à rede de TI de uma organização alvo e se faz passar, eletronicamente, por oficial sênior que fornece a um funcionário instruções de transferência eletrônica fraudulentas para ser executada.

Dark Web: a parte da Internet dentro da *deep web* que só é acessível por meio de um *software* especial; ela permite que os usuários permaneçam anônimos, sendo frequentemente utilizada pelo mundo do crime para a troca de produtos, serviços e informações.

Deep Web: a parte da Web que não é indexada e, portanto, não pode ser descoberta por meio de mecanismos de pesquisa padrão.

Engenharia Social: também conhecida como *hacking* humano, é a arte de manipular pessoas para realizar uma atividade que atenda ao objetivo do *hacker*.

Estado nação: sociedade moderna organizada sob o comando de um governo instituído, que controla e impõe suas políticas.

Hacking humano: também conhecido como engenharia social, é a arte de manipular as pessoas para realizar uma atividade que atenda ao objetivo do *hacker*.

História de capa: também chamada de "legenda de capa", é o relato fictício de uma pessoa e do propósito de sua atividade.

Insider: um funcionário ou contratado que tem acesso sem escolta dentro de uma organização.

Insider mal-intencionado: um funcionário ou contratado que decide causar à organização danos financeiros entre outros.

Inteligência de código aberto (OSINT): informações disponíveis ao público., como *sites* da internet, revistas, jornais, redes sociais etc.

Internet ("rede internacional"): rede de computadores dispersos por todo o planeta para a troca de dados e mensagens, mediante a utilização de um protocolo comum que une usuários particulares, entidades de pesquisa, órgãos culturais, institutos militares, bibliotecas e empresas de toda envergadura.

Malware: qualquer *software* feito, intencionalmente, para causar danos a um computador, servidor, cliente, ou a uma rede de computadores.

Phishing: uma técnica comum de engenharia social que usa um *email* para induzir o destinatário a clicar em um *link* ou abrir um anexo, o que permite baixar o *malware*.

Pretexto: semelhante a uma história de capa, é normalmente um falso pretexto usado, pelo telefone, durante o envolvimento de alguém.

Ransomware: ataque de violação de segurança pelo qual o agente da ameaça criptografa os dados do alvo e os mantém como reféns até que o resgate, geralmente na forma de *bitcoin,* seja pago.

Smishing*:* semelhante ao *phishing*, é uma técnica comum de engenharia social que usa uma mensagem de texto SMS para induzir o destinatário a clicar em um *link* ou abrir um anexo, o que permite baixar o *malware.*

Spear phishing: um *e-mail* cuidadosamente elaborado para atingir um indivíduo específico.

Surface Web: a parte da Internet que é indexada e acessível por mecanismos de pesquisa padrão.

TI: sigla de Tecnologia da Informação (IT, em inglês), ou seja, todos os recursos tecnológicos para o processamento de informações, que inclui *softwares, hardwares,* tecnologias de comunicação e serviços relacionados. Em suma, todas as soluções tecnológicas usadas para produzir, acessar, transmitir e gerenciar dados que sejam úteis para as empresas.

Vishing: o uso de um telefone por um engenheiro social para coletar informações de um alvo, ou manipulá-lo, a fim de realizar uma determinada ação.

WEB ('teia', 'rede'em inglês): sistema de informações ligadas pela hipermídia (hiperligações em forma de texto, vídeo, som e outras animações digitais) que permitem ao usuário acessar infinidade de conteúdos pela internet. Designa, então, a rede que conecta computadores por todo o mundo, a World Wide Web (WWW).

Peter Warmka

Sobre o Autor

Ex-oficial de inteligência sênior da CIA com mais de 20 anos de experiência em violar a segurança de organizações no exterior.

> ➤ Certified Protection Professional (CPP) e Certified Fraud Examiner (CFE).
> ➤ Fundador da empresa Counterintelligence Institute, LLC, sediada em Orlando.
> ➤ Professor adjunto do Programa de Mestrado em Segurança Cibernética da Webster University.

- ➤ Palestrante de conferências, *podcaster* convidado e autor de várias publicações sobre engenharia social e manipulação de *insiders*.
- ➤ Tópicos em que Peter pode contribuir com sua experiência: roubo de identidade, violações de segurança, engenharia social, privacidade *versus* segurança, criação de perfis de mídia social, segurança cibernética, espionagem.
- ➤ Apaixonado por usar sua experiência em ajudar entidades governamentais municipais, estaduais e federais, organizações sem fins lucrativos, institutos acadêmicos, empresas privadas; e em ajudar indivíduos a protegerem seus dados confidenciais de propriedade e /ou pessoais.

www.linkedin.com/in/peterwarmka/

www.counterintelligence-institute.com

www.facebook.com/counterintelligenceinstitute

www.twitter.com/the_cinstitute

www.youtube.com/channel/UC9xFgPIXmME8CIu5hzf3J-A

Para obter informações adicionais, entre em contato com Peter diretamente:

- ➤ pgwarmka@counterintelligence-institute.com

Peter Warmka